바쁘지만 마케팅은 배우고 싶어

바쁘지만 마케팅은

시작하는 사람들을 위한 MBA 톱스쿨의 마케팅 입문

배우고 싶어

사토 요시노리 지음 · 김혜영 옮김

생각지도

차례

CHAPTER 2

누구에게 상품을 팔 것인가
- 세그먼테이션과 타깃

CHAPTER 3

왜 꼭 이 상품이어야만 하는가
- 차별화

CHAPTER 4

어떻게 가치를 전달할 것인가
- 4P

CHAPTER 5   **탁월한 전략은 물 흐르듯 자연스럽다**

PROLOGUE

마케팅은 '사는 사람'의 입장이 되는 것

마케팅은 우리 주변에서
일어나고 있다

'그러고 보니 요즘 통 채소를 못 먹은 것 같은데…….'
이런 생각이 머릿속을 스쳤을 때 당신은 제일 먼저 무엇을 해야
겠다고 생각하는가. 아마도 편의점이나 마트에서 채소주스를
사거나 비타민 같은 영양제부터 사야겠다고 생각하지 않았을
까? 그랬다면 당신은 이미 마케팅의 영향을 받고 있는 것이다.
　왜냐하면 '채소 부족'을 해결하는 가장 논리적이고 직접적인
방법은 신선한 채소를 섭취하는 것이므로, 채소 가게나 마트의
청과물 코너를 찾아야 한다. 그런데 채소주스나 영양제를 사야
겠다는 생각이 먼저 들었다면, 채소주스 회사와 영양제 회사의
마케팅이 성공했다는 증거다.
　이번에는 어제오늘 점심으로 뭘 먹었는지 떠올려보자. 바깥

음식을 먹었다면 일단 '편의점이나 도시락집에서 간편식을 사올지, 식당으로 갈지' 고민했을 것이다. 어떤 선택지들이 머릿속에 떠올랐는가? 이때가 바로 편의점과 도시락집, 기타 식당들이 '당신의 점심 수요'를 놓고 피 튀기는 마케팅 전쟁을 벌이는 순간이다.

일단 나가서 생각해보기로 한 당신은 역 앞을 걸으면서 '어디로 가볼까' 두리번거렸을 것이다. 그러는 동안 가게의 간판과 규모, 가게 앞에 내놓은 메뉴판, 밖에서 보이는 내부 분위기 등 각 음식점이 펼쳐온 마케팅 활동이 시험대에 오른다. 당신은 의식하지 못하겠지만 어느 한 식당을 선택해서 들어간다는 것은 그 식당의 마케팅이 순조롭게 성공했다는 뜻이다.

'사는 사람'의 반대편에는 반드시 '파는 사람'이 있다

'마케팅'을 한마디로 정의하면 고객에 관한 모든 것, 다시 말해 '파는 일에 관한 모든 것'이다. 시장조사, 광고제작, 영업전략 따위가 여기에 포함된다.

마케팅이란 '파는 일'이며, 마케팅 활동을 펼치는 회사는 '판매인'이다. 그리고 그 반대편에는 당연히 '사는 사람', 즉 고객이 있다. 다시 말해 사는 사람의 반대편에는 파는 사람이 있다. 너무

나 당연한 말 같지만 이것이 핵심이다.

당신은 일상생활에서 거의 매일 물건을 살 것이다. 껌이나 캔커피, 채소주스를 비롯해 점심에는 백반을 사 먹고, 저녁에는 캔맥주를 마시고, 볼펜과 지우개 같은 사무용품도 살 것이다. 당연히 이 책도 그 목록에 포함된다. 이 말은 당신의 반대편에 '파는 사람'이 있다는 말이다.

당신이 뭔가를 산다면, 그 반대편에는 파는 사람이 있다. 당신이 구매행위를 할 때 판매자는 물건을 팔기 위해 마케딩 활동을 펼친다. 그래서 당신의 구매행위가 누군가에게는 중요한 마케팅의 일부가 된다. 당신의 구매행위 자체가 마케팅이고, 그것은 회의실이 아니라 당신의 일상에서 일어나고 있다.

MBA에서는 마케팅 과목을 1학년 때 제일 먼저 이수하고, 중소기업진단사 자격시험에서도 마케팅은 필수과목이다. 마케팅이 '매출 향상'이라는 기업의 생명줄과 관련이 있는 만큼 어찌 보면 당연한 일이다.

그러나 마케팅은 책상에서 공부하는 것보다 현장에서 직접 경험하면서 발견하고 깨닫는 것이 훨씬 더 중요하다. 그런 의미에서 재무나 회계와는 조금 다르다. '배움'이라는 단어보다는 '체득'이라는 말이 더 적합하겠다.

어떻게 마케팅 뇌를 훈련할 것인가

우리가 물건을 사는 행위를 조금만 주의 깊게 관찰하면, '마케팅은 회의실에서 일어나는 것이 아니다'라는 말을 금방 이해할 수 있다. 마케팅과 관련된 힌트는 사방에 굴러다니고 있는데, 이러한 힌트를 예민하게 포착해 마케팅과 연결 지어 생각할 줄 아는 뇌를 나는 '마케팅 뇌'라고 부른다.

마케팅 뇌를 장착하고 있으면 힌트를 발견한 순간, '왜 이런 메뉴를 만들었지?', ' 왜 이 점원은 이런 식으로 상품을 설명할까?', '왜 광고 메시지를 이렇게 만들었지?' 하고 마케팅 뇌가 빠르게 돌아가기 시작한다. 그러다 보면 마케팅에 대한 감도와 정확도가 높아지고, 실제로 비즈니스에 쓸 만한 소재와 실마리가 쌓인다.

마케팅 뇌를 단련하는 일은 어렵지 않다. 자기 주변부터 살피면 된다. 어떤 제품을 사거나 사지 않을 때 '왜 이 제품을 샀는지', '왜 이 가게에서 샀는지' 꼬리를 물며 생각을 펼쳐나가다 보면, 그 이면에는 팔고 싶은 자의 마케팅이 깔려 있다. 가족 구성원이 어떤 물건을 사 왔을 때도 그 물건을 산 이유를 물어보고 참고자료로 삼으면 된다. 가족 간의 대화를 풍성하게 만드는 데도 도움이 될 것이다.

지하철 내부 광고를 보면서 누구에게 무엇을 팔려고 하는 광고인지, 이 광고가 효과적일지 따져보는 것도 흥미롭다. 또 당신의 우편함에 들어 있는 홍보물도 도움이 된다. 홍보물을 처음 발견했을 때 애초에 내용이 궁금했는지, 어떻게 하면 좀 더 빨리 열어보고 싶어지게 될지, 내용을 읽은 뒤 물건을 사고 싶어졌는지, 아니면 쓰레기통에 곧장 버렸는지, 버렸다면 그 이유는 무엇인지, 어느 정도 반응이 있어야 본전인지, 참고자료는 실로 무궁무진하다.

이렇게 생활 속에서 마케팅을 공부하면 장점이 많다. 우선 주체가 '나'이므로 별다른 제약이 없다. 내가 산 물건을 생각하면 된다. 걸어 다닐 때나 지하철 안에서도 가능하다. 어제오늘 산 물건을 떠올리며 '그것을 왜 샀는지', '왜 그 가게에서 샀는지' 더 들어보면 된다.

가령 온라인 서점인 아마존에서 책을 주문했다고 하자.

그럼 이렇게 흘러간다. '그러고 보니 어제 아마존에서 책을 주문했는데 왜 그랬더라. 서점에 갈 시간이 없었나? 그래, 오프라인 서점은 불편하고 아마존은 편리하니까. 하지만 서점에 가면 책을 읽어보고 살 수 있는데…… 그래, 그러고 보니 내용을 확인하고 구매하고 싶을 때는 오프라인 서점에서 샀네. 그러면 서점은 어떻게 마케팅을 하면 좋을까? 시간이 없어서 서점에 못 가는 거니까, 늦게까지 문을 열면 되겠네. 그런데 밤 11시에 서점에 가는 사람이 있을까? 가기 귀찮아서 안 가는 거 아닌가? 그럼 오프라인 서점도 택배로 책을 보내주면 어떨까? 아, 그건 어렵겠지…… 어, 근데 나는 회사에 있으니까, 회사까지 배달해주면 되겠는데. 서점이 우리 회사 전 직원을 대상으로 주문을 모아서 한꺼번에 갖다주면 남는 게 있을지도 몰라. 그래, 딱히 개인 고객을 고집할 필요는 없는 거야. 그런데 그렇게 하면 내가 살까……?' 이런 식으로 꼬리에 꼬리를 물고 생각을 이어나갈 수 있다.

당신이 어떤 물건을 구매한 진짜 솔직한 이유는 당신만이 알고 있다. 마케팅은 심리적인 측면이 다분한데, 자기 마음의 움직임을 스스로 분석하는 것은 마케팅 심리를 공부하는 데 효과적이고 살아 있는 교재가 된다.

지하철 안에서 멍하니 앉아 있기에는 시간이 아깝다. 그런 자투리 시간을 활용해 '마케팅 뇌'를 단련하자. 게다가 공짜가 아닌가!

반드시 알아둬야 할
네 가지 이론

이렇듯 마케팅이란 우리가 매일 경험하고 자연스럽게 느끼는 당연한 일들의 집합체다. 그러나 저절로 할 줄 아는 것과 그것을 체계적으로 정리해 설명할 줄 아는 것은 전혀 다른 문제다. 당신은 날마다 자연스럽게 구사하는 우리말을 외국인에게 쉽게 가르칠 수 있는가? 적어도 나는 못 한다. 체계화되어 있지 않기 때문이다. 설명하지 못하면 상대방에게 전달할 수 없고, 스스로 정리하지도 못한다.

그래서 자신의 경험이나 실전만으로는 부족하다. 체계적으로 정리할 이론이 없으면 지식은 단편으로 남을 뿐 전체를 이해하는 것이 불가능하다. 그렇다면 우리가 알아야 할 기본적인 '이론'은 무엇일까. 최소한 다음 네 가지 이론과 개념은 머릿속에 담아두자.

> ✧ 베네피트 - 고객이 원하는 가치
> ✧ 세그먼테이션과 타깃 - 고객을 나누고 범위를 좁힌다
> ✧ 차별화 - 경쟁사보다 더 큰 가치를 제공한다
> ✧ 4P - 가치를 실현하기 위한 제품, 광고, 판로, 가격

물론 이것은 기본 중의 기본이고, 이외에 다른 것도 더 많이 알아두면 금상첨화다. 하지만 이 기본을 제대로 다지지 않고 그 다음 단계인 응용과 실전으로 나아가면, 허술한 토대 위에 지식만 쌓아 올린 꼴이 된다. 이 이론 체계를 몸에 익히고, 자신의 구매 경험을 해석할 수 있게 되면, 그다음은 실전에서 어떻게 활용할지만 생각하면 된다.

한 장에 한 가지 이론과 그 이론을 바탕으로 이야기를 꾸며보았다. 이제부터 하나씩 차근차근 배워나가도록 하자.

사무실 시계는 오후 6시를 가리키고 있었다.

'오늘은 시부야라도 들렀다 갈까.'

히로오카상사 신규사업기획실에 근무하는 우레타 마코売多真子
는 멍하니 생각에 빠졌다. 히로오카상사는 도쿄의 오피스 밀집
거리에 10층짜리 본사를 둔 중견기업이었다.

"우레타마 씨, 잠깐 같이 갈까요?"

마흔쯤 됐을까, 사람 좋아 보이는 남성이 마코를 불렀다. 사
람들은 마코의 이름을 풀네임 '우레타 마코'에서 앞의 네 글자를
따 '우레타마'라고 불렀다. 말을 건 남성은 작년에 신설된 신규
사업기획실의 실장인 오쿠보 히로시大久保博, 말하자면 마코의 상
사다.

"네, 실장님. 그런데 어딜 가시려고요?"

"사장실. 히로오카 사장님이 부르십니다."

"네? 저도요? 사장실에?"

마코는 화들짝 놀랐다. 중견기업라고는 하지만 직원 수백 명을 거느린 회사의 사장이 평직원을 직접 부르는 일은 흔하지 않다. 마코도 입사할 때 딱 한 번 얼굴을 본 게 다라, 지금은 얼굴조차 기억에서 흐릿했다.

"응, 그래요."

오쿠보는 커다란 몸을 움직이면서 태평하게 대답했다. 마코는 자리에서 다급히 일어나 오쿠보와 함께 엘리베이터로 향했다.

"무슨 일일까요? 실장님만 부르시면 모를까, 평사원인 저까지 사장실로 부르시다니."

"글쎄요, 좋은 소식은 아니겠지……."

비서의 안내를 받은 두 사람이 사장실 문을 두드리고 들어가자, 히로오카 다쓰히코広岡達彦 사장이 그들을 맞이했다.

"어서 오게. 앉지."

"네, 실례하겠습니다."

두 사람이 자리에 채 앉기도 전에 히로오카 사장이 입을 뗐다.

"기한은 앞으로 두 달. 이제 그게 한계야."

"네?"

오쿠보가 고개를 치켜들었다.

"자네들이 추진한, 아니, 정확히 말하면 자네들 전임자가 추진한 이탈리안 레스토랑 '리스토란테 이탈리아노' 말이야. 1년 내내 적자에서 헤어 나오지 못하고 있어."

오쿠보와 마코는 조용히 히로오카 사장을 바라봤다. 그것은 두 사람 다 익히 알고 있는 사실이었다.

"자네들 책임이 아니라는 건 알고 있네. 하지만 회사 입장에서는 이제 한계에 다다랐어. 앞으로 두 달 안에 이사회가 납득할 만한 개선안이 나오지 않는다면 신규사업실은 해산이야. 매장도 문을 닫을 걸세. 즉, 두 사람의 자리가 사라진다, 이 말이지. 이상이 이사회에서 내린 결정이야."

"네?! 저는 이제 막 입사했는데요!"

마코가 사장 앞이라는 사실도 잊은 채 순간 목소리를 높였다.

"그건 나도 마찬가지예요."

오쿠보는 당황한 기색도 없이 마코에게 말했다. 다시 사장 쪽으로 자세를 고쳐 앉으며 오쿠보가 말했다.

"사장님, 거긴 체인 사업을 진행하기 위한 시범 매장 아니었나요? 이야기가 다른데요."

어조에서 사장을 존경하고 있다는 걸 느낄 수 있었지만, 성격인 건지 오쿠보는 사장에게도 간사이 사투리로 자신의 생각을 거침없이 말했다.

"'잘린다'는 말은 안 했네. 다만 그렇게 되면 오쿠보 실장은 신규사업실장 자리에서 내려오게 되고, 우레타 씨도 다른 부서로 이동하겠지. 레스토랑 직원들은 좀 힘들어질 거야. 물론 거긴 시범 매장이지만, 월매출이 계속 떨어지고 있어. 이 상태라면 본래 목표였던 체인화는 꿈도 못 꿀 일이지. 알겠나. 기간은 두 달이야. 이것도 꽤 타협한 걸세. 생각 같아서는 한 달 내에 끝내라고 하고 싶은 상황이니까."

두 사람은 더는 아무 말도 하지 못하고 사장실을 빠져나왔다.

"이대로 가다가는 그런 날이 올 수도 있겠다 짐작은 했지만, 그날이 이렇게 빨리 올 줄이야. 큰일이네. 너무 느긋했나."

오쿠보는 변함없는 말투로 덧붙였다.

"레스토랑은 문을 닫고 나는 구조조정을 당하는 신세라니, 이거 장난이 너무 심한데……."

"실장님, 그런 말씀 하실 때가 아니에요! 입사한 지 한 달 만에 잘리게 생겼는데 농담으로 넘길 일이 아니라고요. 부모님도 걱정하실 텐데."

"당장 어떻게 할 수 있는 일이라면 내가 벌써 했겠죠. 나도 지금 막 들었잖아. 그럼 우레타마 씨, 부탁할게요."

"뭘요?"

"뭐긴 뭐야, 리스토란테 이탈리아노 개선방안 보고서죠. 우레타마 씨 일이잖아요."

"제, 제가 하라고요?"

"우레타마 씨 말고 누가 해요. 내 직속직원은 우레타마 씨밖에 없는걸."

"그건 그렇지만……. 그래도."

"우레타마 씨도 마케팅이랑 기획 같은 일을 하고 싶어서 이 회사에 입사한 거 아니에요? 면접 때 그렇게 말하는 거 들었는데."

"시, 실장님은 어떻게 하실 거예요? 신규사업실이 사라지면."

"음, 나는 관리직이니까 책임을 져야겠죠. 우레타마 씨는 아마 괜찮을 거예요. 부서 이동 정도로 끝나겠지. 뭐, 나는 신경 안 써도 되니까 열심히 맡아서 한번 해봐요."

"아니, 어떻게 괜찮아요. 마케팅 업무 하고 싶어서 여기 온 건 맞지만……."

"그러니까 해보면 되지. 좋잖아요, 이건 위기가 아니야, 기회라고요. 앞으로 두 달이나 있잖아요. 내 목숨 줄도 우레타마 씨한테 달려 있으니까 잘 부탁해요."

오쿠보가 사근사근한 미소를 지었다.

흔히 있는 이야기지만, 히로오카상사는 새로이 레스토랑 체인 사업에 진출하기 위해 1년 전 도큐도요코선東急東橫線의 한 역 근처에 첫 번째 매장이자 시범 점포인 이탈리안 레스토랑 '리스토란테 이탈리아노'를 열었다. 원래는 오쿠보와 마코의 전임자들이 기획했으나 생각처럼 일이 잘 풀리지 않자 전임자들은 잇따라 회사를 떠났고, 그 후임으로 채용된 사람이 오쿠보였다. 올해 스물다섯인 우레타 마코는 대학을 졸업하고 대형 여행사에서 3년가량 가이드로 일했다. 평소 마케팅에 관심이 많았는데, 마침 히로오카상사의 신규사업기획실에서 사원을 채용한다는 소식을 듣고는 면접 기회를 잡았다. 그 면접에서 실장인 오쿠보가 마코의 잠재 능력에 흥미를 보여 회사를 옮긴 것이 불과 한 달 전이었다.

두 사람은 자리로 돌아왔다. 이름은 신규사업기획실이라고는 하지만 사무실 한쪽 구석에 딸랑 책상 두 개가 다인 부서였다.

"오늘은 이만 퇴근할게."

오쿠보는 이렇게 말하더니 부리나케 사무실에서 나가버렸다. 홀로 남겨진 마코는 갑자기 벌어진 상황에 패닉 상태에 빠졌다. 누구나 부러워하는 대형 여행사를 큰맘 먹고 박차고 나올 때만 해도 두 달 뒤에 자신의 자리가 사라질 거라고는 꿈에도 생각지 못했다.

"이제 어떡하지."

저도 모르게 입 밖으로 말이 새어 나왔다. '실장님이 나에게 맡긴다고 했는데 진심일까. 오늘 급하게 퇴근하시더니 헤드헌터라도 만나서 이직 얘기라도 하려는 걸까……. 여기 있는다고 답이 나오는 것도 아니고. 일단 퇴근해보자.' 속으로 중얼거린 마코는 무거운 발걸음으로 회사를 나섰다. 지하철 안은 사람들로 붐볐고 이어폰에서는 노랫소리가 흘러나왔지만 마코 귀에는 아무 소리도 들리지 않았다.

집에 도착한 마코는 방에 불을 켜고 겉옷을 벗어 던지고는 저녁 식사도 잊은 채 침대에 그대로 쓰러졌다. 가족이랑 같이 살면 얘기만 나눠도 마음이 좀 편해질 텐데, 이럴 때 혼자 사는 건 참 서러웠다. 부모님께 전화하면 걱정만 하실 테니 그냥 참자.

'친구들한테 메일이라도 보내볼까. 누군가 채팅 방에 들어와 있지 않을까…….' 마코는 그런 생각을 하며 노트북을 열었다. 평소처럼 메일함을 열자 한 온라인 매거진이 눈에 들어왔다. "아, 오늘 온라인 매거진이 오는 날이구나. 마사루 선배는 잘 지내나. 그래! 마사루 선배야! 메일을 보내보자!"

앞이 깜깜하던 마코의 마음속에 어렴풋한 희망이 꿈틀댔다. 우레타 마사루売多勝는 마코의 사촌이다. 마코와는 위로 띠동갑이지만, 가족끼리 가까이 지내면서 공부도 자주 봐줬던 터라 외동인 마코에게는 업계 선배지만 친오빠 같은 존재였다. 친척에게 전해 듣기론 마사루가 마케팅 책도 몇 권 내고 인기 컨설턴트로 잘나간다고 했다. 미국 유명 대학의 MBA와 중소기업진단사 자격증을 따고, 현재는 컨설팅회사를 운영하는 모양이었다.

마코는 냉큼 메일을 썼다. "음, 오랜만이야. 사실 이러이러하고 여차저차해서 조언을 좀 얻고 싶어. 바쁜 줄 알지만 최대한 빠른 시일에 만나면 좋겠는데, 일정이 어떻게 돼? 가능한 시간을 알려주면 다시 연락할게. 마코. 됐다, 발송."

샤워를 하고 맥주 한 캔을 비우고 나니 마코는 긴장했던 마음이 조금 누그러졌다. 자기 전 한 번만 더 메일을 확인하려고 봤더니 바로 마사루에게 답장이 와 있었다.

'마코, 오랜만이네. 무슨 사정인지 잘 알겠어. 일주일 뒤에 시간을 낼 수 있을 것 같아. 단, 조건이 하나 있어. 일주일 동안 최선을 다해 기획서를 작성할 것. 일단 마코 생각에 괜찮겠다 싶은 걸 만들어 와봐. 장소는 에비스惠比寿 근처 이탈리안 레스토랑으로 찾아보고.'

답장을 해준 것만으로 마코는 고마웠다. 주변에 이렇게 자기 사정을 이해해주는 사람이 있고, 그 사람이 더구나 마케팅 전문 컨설턴트라니. 칠흑 같던 마음에 한 줄기 불빛이 비치는 느낌이었다.

◇◇◇

다음 날 마코가 출근하자, 오쿠보는 자리에서 커피를 마시며 신문을 읽고 있었다.

"실장님, 안녕하세요."

"어, 왔어요. 그럼 가볼까요?"

"어디를요?"

"매장이죠. 리스토란테 이탈리아노. 어제 사장님 말씀을 전하러 가야지. 그것도 우리 일이잖아요. 마음은 무겁지만 어쩔 수 없잖아요."

"아, 네······."

시부야역에서 도큐도요코선으로 갈아타 10시 전에 매장에 도착한 두 사람은 개점 준비로 분주해 보이는 직원들을 한데 불러 모았다.

"중요한 공지가 있으니 들어주세요."

오쿠보는 사장의 이야기를 가감 없이 전달했다. 대부분은 고개를 숙이고 듣는 가운데 유독 한 사람만 열을 내기 시작했다.

"웃기는 소리 말라 그래! 본사 놈들 말을 고대로 들은 결과가 이거야?"

점장 대리인 기요카와 가즈오清川和男였다. 첫 번째 점장은 매출이 회복할 기미를 보이지 않자 매장을 포기하고 이직했고, 후임자 채용도 쉽지 않아 주방장인 기요카와가 점장 대리직을 맡아왔다.

"희생당하는 건 항상 우리지. 당신들이 잘리기나 해? 아닐 거 아냐. 우리는 전부 잘릴 텐데!"

"그러니까 이제부터 열심히 해서……."

마코의 말을 자르고 기요카와가 소리쳤다.

"시끄러워, 당신들 말은 이제 믿을 수가 없어! 우리가 하고 싶은 대로 할 테니 그런 줄 알아."

"그렇게 말씀하셔도 저희도 이제 막 이 부서에 왔는걸요. 다들 힘든 상황인 건 알지만 열심히 한번 해보죠."

오쿠보의 느긋한 말투에 분위기는 단번에 누그러졌다.

"그리고 앞으로 새로운 마케팅 기획은 여기 있는 우레타마, 우레타 마코 씨가 진행할 테니 모두들 잘 부탁합니다."

갑자기 이름이 불린 마코는 놀라서 엉겁결에 고개를 숙였다. (이 사람, 진짜 나한테 맡길 셈인가!).

"이런 애송이가 뭘 할 수 있다고!"

기요카와는 언짢은 듯 그 말만 내뱉고는 주방으로 휙 사라졌다. 그 자리에 난처함이 가득 밀려왔다.

"저 분 성격이 급하시네. 뭐, 나도 다리가 짧아서 급하게 가긴 해야 하는데."

오쿠보가 여전한 농담조로 말하자, 쿡쿡거리는 웃음이 터져

나왔다.

"자, 그럼 우리도 열심히 해볼 테니까 잘 부탁해요. 바쁜데 실례 많았습니다."

오쿠보가 꾸벅하고 고개를 숙이자, 마코도 급히 따라 숙였다.

"저, 실장님, 질문이 있는데요."

조심스럽지만 똑 부러지는 말투로 손을 든 여성이 있었다. 홀 매니저, 그러니까 홀 직원을 관리하는 우에하라 노조미上原望다. 그녀는 아직 젊지만 접객 능력과 리더십을 높이 인정받아 그 자리에 오르게 되었다. 마코와는 동갑이기도 해서 서로 이름을 부르는 스스럼없는 사이였다. 홀 관리자인 노조미와 주방 관리자인 기요카와는 원래 대등한 위치여야 했지만, 기요카와가 점장 대리를 맡는 바람에 기요카와는 우에하라의 상사가 되었다.

"우에하라 씨, 무슨 일이죠?"

"솔직히 말해주세요. 저희는 어떻게 되는 거죠?"

"그건 저도 모릅니다. 제 목숨도 간당간당해서…… 하지만 그런 일이 없게끔 우레타마 씨와 제가 최선을 다할 테니, 앞으로 두 달간 협조 부탁드리겠습니다."

"네, 저희가 할 일이 있다면 언제든지요."

"노조미, 많이 도와줘! 잘 부탁해."

"마코, 힘내!"

"다들 준비 안 해!"

주방 쪽에서 기요카와가 성을 내자 모두 제자리로 돌아갔다.

돌아오는 지하철 안에서 마코는 오쿠보에게 물었다.

"전부 저한테 맡긴다는 말씀, 진심이세요?"

"네, 그러니까 그렇게 말했죠. 전부 맡길게요."

오쿠보는 싱겁게 대답했다.

"다른 사람의 도움은 받아도 되나요?"

"돈만 안 든다면 뭐든 해도 되죠. 전부 다 일임했으니까. 무슨 일 생기면 물어보고요."

오쿠보의 그 말에 마코는 어찌 됐든 일주일은 자유의 몸이 되었다. 그 일주일 사이에 마사루와 약속한 기획서를 쓸 요량이었다. '마케팅의 마 자도 모르는 내가 이사들을 납득시킬 기획안을 뽑아낼 수 있을까……' 마코는 불안감에 휩싸여 가슴이 답답했다.

일주일 동안 마코는 도서관과 인터넷의 힘을 빌려 외식시장 동향과 인구구성 변화, 최신 트렌드 등을 샅샅이 조사해서 간신히 기획서를 완성했다. 오늘 저녁이 마사루와 만나는 날이었지만, 일단 그 전에 상사인 오쿠보에게 기획서를 보여주기로 했다.

"애써서 완성한 건 인정하지만, 이걸로는 안 되겠어요. 다시 해봐요."

기획안을 대충 넘겨보던 오쿠보가 말했다.

"왜, 왜죠?!"

"말해주면 재미없죠."

"그래도 이유 정도는 알려주셔도……."

"일단 한번 생각해봐요. 우레타마 씨라면 어떻게……."

마코는 오쿠보의 말을 끝까지 듣지도 않고 밖으로 뛰쳐나갔다.

"엇, 우레타마 씨! 우레타마 씨도 성격이 급하네. 그래, 힘들었 겠지."

오쿠보는 머리를 벅벅 긁었다.

마코는 정신을 차려보니 사무실이 쭉 늘어선 거리를 정처 없 이 걷고 있었다. '말을 왜 그렇게 하는데? 나한테 다 시켜놓고, 자기는 신문만 읽고 있었으면서…….' 짜증과 비참함이 뒤섞여 마코의 귀여운 얼굴이 찌푸려졌다. 그때 갑자기 마코의 핸드폰 이 울렸다. 마사루였다.

"마코, 오늘 말이야, 미안한데 30분 정도 늦을 것 같아. 일이 좀 길어지네."

"으웅, 알겠어."

마코는 혼란스러운 마음을 들키지 않으려 안간힘을 썼다.

"왜 그래? 목소리가 좀 이상한데."

"응, 사실은……."

마코는 조금 전 있었던 일을 설명했다.

"흠, 어쨌든 기획서를 만든 것만으로도 대단한 거야. 안 해왔으면 내가 화낼 차례였는걸. 일단 기획서를 보고 난 뒤에 이야기하자. 그럼 이따 봐."

마사루는 별일 아니라는 듯 전화를 끊었다.

마사루와 이야기하고 나니 마코는 마음이 조금 가라앉았다. 잘 생각해보면 아까 자신의 행동은 사회인으로서 문제가 있다는 걸 마코 자신도 알고 있었다. 살짝 후회가 밀려왔다. 정신을 차리고 보니 사무실에서 꽤 멀리 떨어진 곳까지 와 있었다. 마코의 핸드폰이 다시 울렸다. 이번에는 오쿠보 실장이다.

"우레타마 씨, 지금 어디예요? 그래, 아까는 내가 좀 심했지."

미안하다는 듯 말하는 오쿠보에게 마코가 사과했다.

"아, 아니에요, 저야말로 순간 이성을 잃어서 죄송해요."

"나는 오늘은 이만 퇴근할 거니까, 우레타마 씨도 들어가봐."

"네, 감사합니다."

대답과 함께 전화가 끊겼다.

그날 밤, 마코는 예약해둔 에비스의 이탈리안 레스토랑에서 다소 긴장한 표정으로 앉아 있었다. 잠시 뒤 마사루가 나타났다.

"미안, 미안, 많이 기다렸지, 오랜만이다."

마사루가 마코 앞에 앉았다.

"바쁜데 미안해."

마코는 엉거주춤 일어서면서 대답했다. 음료 주문을 받으러 온 웨이터에게 마사루는 "물, 얼음 없이요"라고 짧게 답한 뒤, 바로 기획서를 보여달라고 재촉했다. 마코는 "아, 하우스와인 레드로 한 잔이요" 하고 주문하면서 가방에서 기획서를 꺼내 마사루에게 건넸다. 기획서를 펄럭펄럭 넘기더니 마사루가 말했다.

"이걸로는 안 돼. 다시 해봐."

오쿠보의 말과 토씨 하나까지 똑같았다.

"뭐? 그게 무슨 말이야. 제대로 다시 읽어봐."

"읽을 가치도 없어."

두 사람에게 같은 말을 듣자 마코는 맥이 탁 풀렸다.

"아니……, 어떤 부분이 안 된다는 거야?"

마사루는 마코의 질문은 넘기고 이렇게 물었다.

"이 레스토랑, 마코가 골랐지? 왜 여기로 골랐어?"

"갑자기 그게 무슨 얘기야?"

"일단 대답해봐."

"음, 에비스에 있는 이탈리안 식당에서 만나자고 했잖아. 그리고 선배랑 만나니까 얘기 나누기 편한 곳이면 좋겠다고 생각했어. 신경을 좀 썼지."

"잠깐만, 그 전에 이 레스토랑을 어떻게 알았어? 몇 번째 온 거야?"

"처음이긴 한데, 이 근처에서 근무하는 친구에게 물어보고 결정했지."

"뭐라고 물었는데?"

"에비스 이탈리안 식당 중에 차분하니 이야기하기 좋고, 또 너무 비싸지 않은 곳으로. 미안, 아직 월급이 그렇게 많지는 않아서……."

"그리고?"

"후보지 몇 개를 받아서 인터넷으로 찾아봤어. 역에서 가깝고 분위기가 좋아 보이는 곳으로."

"그래. 그렇게 정하잖아. 그런데 지금 네가 식당 정하는 과정에서 이 기획서에 쓰인 '외식시장 동향'이라든가 '인구구성 변화' 같은 단어가 나왔던가?"

"……한 번도 안 나왔어."

"그렇지? 시장 분석하는 것도 뭐 나쁘지는 않은데, 마케팅에서 중요한 건 이런 '현장 감각'이야."

마사루는 '현장 감각'이라는 단어에 힘을 주며 말했다.

"알겠어? 파는 사람이 있다는 말은 반드시 사는 사람이 있다는 거야. 당연한 얘기지."

마코는 고개를 끄덕였다.

"봐봐. 마코도 쇼핑하잖아. 예를 들어 네가 들고 온 코치 가방. 왜 그걸 고른 거야?"

"음, 예쁘기도 하고, 다들 갖고 있기도 하고."

"그렇지. 그런데 그게 코치의 마케팅이야. 네가 구매하면서 코치는 고객 한 명을 얻은 거지."

"그런가, 나도 코치의 마케팅에 걸려들었다는 말이네."

"맞아. 여전히 감이 좋네. 파는 사람의 반대편에는 사는 사람이 있어. 우리가 물건을 산다는 건 그 반대편에 있는 판매자가 마케팅을 잘했는지 못했는지 '구매' 행위로 평가하고 투표하는 거야."

"그렇구나, 어떤 이탈리안 레스토랑으로 할지 정하는 것도 구매자로서 마케팅에 참여하는 거네!"

"그래, 맞아. 마케팅은 이런 외식시장 동향이나 히로오카상사 회의실에서 이루어지는 게 아니야. 마코 네가 친구들에게 어떤 레스토랑이 좋냐고 묻고 그 레스토랑을 예약하는 사이에 이루어지는 거지."

마코는 마음이 한결 가뿐해졌다. 사장의 선전포고도 한몫했지만, 기획안을 완성해야 한다는 중압감에 뭔가 아주 복잡한 것을 찾아내야 할 것 같았기 때문이다.

"나 너무 무겁게 생각했나 봐. 마케팅이라는 게 우리 주변에서 일어나고 있는 일이니까 거기서부터 생각해나가면 되는 건데. 그 보고서가 안 되는 이유를 이제 알겠어. 현장과 너무 동떨어져 있었네."

"맞아. 그래서 오쿠보 씨였나, 네 상사 말이 정확해. 마코가 체인 식당을 한 3,000개쯤 이끄는 경영자라면 몰라도, 겨우 매장 하나를 어떻게든 살려보려고 하는 시점에서는 경제동향이나 인구구성 같은 건 시기상조지."

"그것도 그러네. 그런 큰 것보다는 이 주변 사람들이 오고 있는지, 그런 게 중요하겠네."

"바로 그 말이야."

"뭐야, 그럼 이렇게 아등바등할 필요가 없었네."

마음이 가벼워진 마코는 경솔한 말을 뱉었다.

"그렇게 안 했다면 여기서 끝이지."

마사루가 딱 잘라 말하자, 마코의 표정이 다시 굳었다.

"사촌 동생이라고 해서 의욕도 없는 사람을 붙잡고 있을 정도로 내가 한가하진 않으니까. 오늘도 이따 다시 회사에 들어가봐야 해."

"미, 미안……."

"암튼 일단 건배할까? 나는 물이지만."

"선배, 여전히 술 못 마시나 보네. 아, 다시 일하러 가야 한다고 했지."

"술 못 마시는 만큼 많이 먹을 거니까 괜찮아. 그럼 마코의 목숨 줄에 건배!"

"와, 너무해. 나 아직 안 잘렸다고."

와인을 곁들여 식사하면서 허물없는 마사루와 이야기를 주고받다 보니 마코는 마음을 무겁게 짓누르고 있던 돌이 가벼워지는 걸 느꼈다.

"그런데 마코, 어떤 레스토랑에 가봤어?"

"어떤?"

"그러니까, 이탈리안 레스토랑을 다시 일으켜보겠다는 사람이 다른 성공한 레스토랑을 보지 않으면 말이 안 되잖아. 그래서 오늘도 이탈리안으로 한 건데? 그것도 이탈리안의 격전지 에비스에서."

"!"

그 말이 맞았다. 요 일주일은 사장의 선전포고나 직원들과의 갈등 때문에 정신이 없었다고 해도, 그전에도 거의 찾은 적이 없었다.

"아, 거의 가본 적이……."

"그, 러, 니, 까, 마케팅은 회사 안에서 벌어지는 게 아니야. 마코가 직접 경험하고 느끼면서 그 안에서 찾아내는 거지."

그렇게 말하고 마사루는 웨이터에게 디저트를 주문했다. 마코는 뒤통수를 맞은 느낌이었다. 마케팅과 기획 일을 하는 게 꿈이라며 이직한 자신이 부끄러웠다. 마케팅이라고 하면 뭔가 뜬구름 잡듯 멋있어 보이는 것만 생각했는데, 그런 게 아니었다.

"저는 크렘브륄레creme brulee랑 밀푀유mille-feuille 주세요. 그리고 에스프레소는 투 샷으로."

마사루의 목소리에 마코는 현실로 되돌아왔다.

"근데 크렘브륄레나 밀푀유는 프렌치잖아. 이탈리안 레스토랑이라면 돌체dolce*가 있어야 하는데. 여긴 대체 무슨 식당인 거야. 이럴 줄 알았으면 두 개나 주문하는 게 아닌데."

중얼거리는 마사루의 말을 흘려들으면서 마코는 디저트 메뉴를 주시하고 있었다. 마사루의 말을 옆에서 들은 웨이터는 '그러게요'라고 말하듯 쓴웃음을 지었다.

사장에게 프레젠테이션할 날까지 앞으로 7주. 긴 싸움은 이제 막 시작되었다.

---

* 이탈리아식 과자 및 디저트의 총칭

CHAPTER 1

당신은 무엇을
팔고 있는가
베네피트

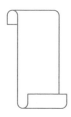

고객이 원하는
'가치'를 생각하라

마케팅의 네 가지 기본 이론 중에서 첫 번째로 다룰 것은 '베네피트benefit'다. 이 책에서는 되도록 외래어는 배제하려고 하지만, 이것은 일반적으로 널리 쓰는 용어니까 알아두는 편이 좋다.

베네피트란 '고객이 원하는 가치'다. 당신이 드릴을 판다고 가정해보자. 당신이 파는 물건은 드릴이지만, 고객 입장에서는 드릴 자체보다는 드릴로 뚫는 '구멍'에 더 큰 가치가 있다. 이 '구멍'이 바로 베네피트. 고객은 '드릴'이 아니라 '구멍을 뚫는 도구'를 사는 것이며, 당신은 드릴이 아니라 '구멍을 뚫는 도구'를 파는 것이다.

이것은 물건을 살 때는 당연하게 여기지만, 입장이 바뀌어 판매자가 되는 순간 대부분 잊어버린다. 마케팅에 특수한 이론이란 존재하지 않는다. 당신이 구매자일 때 이미 알고 있던 이야기, 그 당연한 사실을 체계화한 것이 '마케팅'일 뿐이다.

'베네피트'를 네 가지 마케팅 이론 중 제일 먼저 소개한 이유는 이것이 마케팅에서 가장 중요한 개념이기 때문이다. 마케팅의 본질은 고객이 원하는 가치를 팔고, 그 대가로 고객으로부터 돈을 받는 일이다.

이쯤에서 다시 앞으로 돌아가 '마케팅이란 무엇인지' 짚고 넘어가자. 다소 학문적으로 표현하면 마케팅이란 '가치를 주고받는 일'이다. 판매자는 제품과 서비스를 통해 구매자인 고객에게 가치를 제공한다. 드릴로 말하자면 구멍을 뚫는 가치를 제공한다. 고객은 판매자에게 돈을 내고 드릴을 손에 얻어 구멍을 뚫는다. 마케팅에서는 이 일이 제일 중요하다. 마케팅 책에 나오는 어려운 지식이나 기술 이론은 좀 더 구체적으로 파고든 것일 뿐, 결국 중심 개념은 이 '가치'라는 것을 기억하자.

마케팅이란 가치의 부등호를
유지하는 모든 활동

고객은 자신이 얻는 가치가 지불하는 대가보다 크다고 느낄 때 물건을 사기로 결정한다. 여기서 고객이 얻는 가치가 '베네피트'이고, 그것은 욕구에 기반한다(욕구에 관한 이야기는 뒤에서 다루겠다). 그리고 고객이 지불하는 대가에는 제품과 서비스 금액은 물론, 제품에 대한 정보를 수집하는 데 드는 수고와 시간, 가게를 방문하는 데 드는 시간과 교통비, 사용법을 익히는 기간 등 '가치를 얻는' 데 드는 모든 비용과 시간, 수고 따위가 포함된다.

다음 도표의 부등호를 유지하는 방법은 두 가지뿐이다. 좌변을 크게 만들거나 우변을 작게 만드는 것이다. 다시 말해, 고객이 얻을 가치를 더 키우든가 고객이 지불하는 대가를 줄이든가 해야 한다. 보통은 좌변을 크게 하는, 즉 제공하는 가치를 높이는 방법을 고민한다. 한편 우변의 고객이 지불하는 대가에는 가격뿐 아니라 구매하는 데 드는 수고와 시간, 에너지 등이 포함되므로, 구매하기 쉽게 만드는, 즉 물건을 사기로 결정하는 데 필요한 정보를 쉽게 얻도록 하는 노력이 필요하다. 우변의 '가격'을 낮추는, 즉 할인을 해야 하는 경우도 물론 있겠지만, 오직 매출을 늘리기 위한 목적으로 할인하는 건 추천하지 않는다. 값을 낮추면서 동시에 이익을 더 많이 얻으려면 비용 가운데 무엇인가, 예컨대 인건비 따위를 삭감해야 하므로 회사 전체를 봤을 때 바람직한 방향으로 흘러가기가 어렵기 때문이다.

아주 단순하게 생각하면 마케팅 과정은 다음과 같다.

> ✧ '고객이 얻는 가치'를 높인다
> ✧ 고객이 물건을 사는 데 드는 수고, 시간, 에너지를 줄인다
> ✧ 가격을 낮추기 위해 노력한다

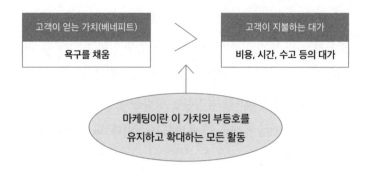

마케팅은 마케팅 부서만
하는 일이 아니다

마케팅은 결코 기업의 '마케팅 부서'만 하는 활동이 아니다. 영업
부나 판매부처럼 직접 물건을 파는 부서는 물론이고 홍보부나
전략부, 판매기획부, 생산부 등 판매와 관련 있는 모든 직원이
마케팅을 담당해야 한다.

관리부니까 마케팅과 관계없다고 생각해서도 안 된다. 예를
들면, 예전에 내가 업무를 발주했던 회사가 예정대로 청구서를
보내지 않는 바람에 우리 쪽에서 청구서가 제대로 왔는지 확인
하고 재촉 전화를 돌리느라 고생했던 적이 있다. 관리부가 제날
짜에 청구서를 보내는 것도 고객의 수고를 더는, 즉 고객이 원하
는 가치를 깎지 않는다는 의미에서 중요한 마케팅이라고 볼 수
있다.

마케팅이란 결국 고객이 원하는 가치와 관련된 모든 일이며, 만드는 사람과 파는 사람 모두를 포함한 직원 전체의 일이다.

고객이 원하는 가치가
곧 베네피트다

마케팅에서 가장 중요한 개념이라고 할 수 있는 베네피트에 대해 조금 더 파헤쳐보자. 일단 질문 하나를 해보겠다. 당신은 지금 손목시계를 차고 있는가? 그렇다면 왜 다른 시계가 아닌 바로 그 시계를 샀는지 이유를 말해보자. 만약 시계를 차고 있지 않다면 그 이유를 말해보자. 1분을 드리겠다. 어떤 대답이 머릿속에 떠올랐는가? 나는 이 질문을 수백 명 이상에게 던져봤는데, 주로 이런 대답이 나왔다.

손목시계를 찬 사람

◎ 값이 싸서 ◎ 가벼워서 ◎ 건전지를 따로 교체하지 않아도 되는 태양전지 시계라서 ◎ 문자판이 커서 잘 보이니까 ◎ 시간이 정확한 전파시계를 갖고 싶어서 ◎ 예물로 고급 시계를 받아서 ◎ 캐주얼이나 정장에 모두 어울리는 디자인이라서 ◎ 나를 위한 명품 시계를 한 번쯤 갖고 싶어서

손목시계를 차지 않은 사람

◎ 시간은 휴대전화로도 충분히 알 수 있어 시계가 필요 없으니까

◎ 무겁고 거추장스러워서

이것이 바로 '고객이 원하는 가치'이며 베네피트다. 내가 던진 "왜 그 손목시계를 샀는가?"라는 질문에 대한 답, 즉 '손목시계를 구매한 이유'가 베네피트이기 때문이다. 무언가를 살 때는 이유가 있다. 그것이 구매 이유다. 시계의 기본적인 가치는 물론 '시간을 안다'는 데 있다. 그러나 그 외에도 시계는 앞에서 언급한 것처럼 이렇게나 많은 '가치'를 제공할 수 있음을 기억하자.

기능적 베네피트와
정서적 베네피트

앞서 이야기한 손목시계의 베네피트는 '기능적 베네피트'와 '정서적 베네피트'로 나눌 수 있다. 기능적 베네피트란 물리적으로 계측하기 쉬운 베네피트를 말하는데, 시간을 아는 것은 물론 따로 건전지를 교체할 필요가 없다거나 보기 편하다 같은 기계 본래의 기능과 관련이 있는 항목이다. '가볍다'는 점도 무게를 이야기하는 것이므로 측정할 수 있고, 몸에 지니고 다니는 것을 전제로 한 손목시계 본래의 가치와 관련이 크기 때문에 기능적 베

네피트라고 할 수 있다.

정서적 베네피트란 디자인이나 로망 등 손목시계 본래의 가치와는 크게 관련이 없는 가치를 말한다. 예컨대 고급 브랜드 시계를 구매한 사람은 '그 브랜드 시계를 샀다는 성취감'이나 '로망이었던 시계를 찬 자기 모습'을 함께 구매한 셈이다. '선물'로 받은 경우에도 받는 사람에게는 중요한 의미를 갖는 가치가 있으므로 이것도 다분히 정서적이다. 손목시계를 구매하는 일에도 이렇게나 많은 가치가 영향을 준다.

기능과 정서 사이에 명확하게 선을 긋기는 어렵지만, 대략적인 느낌은 이해했으리라 본다. 기능적 베네피트와 정서적 베네피트를 정리하면 다음 도표와 같다. 기능적 베네피트는 빠르고, 편리하고, 맛있다 같은 기본적인 기능이다. 나는 줄여서 '빠편맛'이라고 부른다. 한편 정서적 베네피트는 고객의 감정만큼이나 무수히 존재한다고 보면 된다.

✦ 기능적 베네피트와 정서적 베네피트

기능적 베네피트	정서적 베네피트
물리적인 가치 ◎ 빠르다 ◎ 편리하다 ◎ 맛있다	**정서적인 가치** ◎ 우월감, 특별 대우 ◎ 명예, 사회적 지위 ◎ 추억, 기념

잘 팔리는 상품은
가치가 높다

이른바 인기 상품은 그 물건을 구매한 사람에게 기능적 베네피트나 정서적 베네피트 혹은 그 두 가지 모두 높은 만족감을 주는 경우가 많다.

예를 들어 루이비통 가방의 기능적 베네피트와 정서적 베네피트를 떠올려보라. 어떤 것들이 있을까? 정답이나 오답은 없다. 루이비통 가방을 구매한 사람 개개인이 추구하는 무언가가 모두 정답이다. 한 여성은 "루이비통 가방을 들면 왠지 내가 '잘나가는 사람'처럼 느껴진다"고 답했다. 물론 물건을 넣고 다니는 가방으로써의 기능적 베네피트가 바탕에 깔린 상태에서, 거기에 더해 '잘나가는 내 모습'이라는 가치를 손에 넣기 위해 수십만 엔을 호가하는 루이비통 가방을 사는 것이다.

✦ 루이비통 가방의 베네피트

기능적 베네피트	정서적 베네피트
◎ 수납력이 좋다 ◎ 들기 편하다 ◎ 튼튼해서 잘 고장나지 않는다 ◎ A/S가 좋다	◎ 멋지다 ◎ '명품 백을 든 사람'으로 알려진다 ◎ 성취감, 나를 위한 선물

가치의 원천은
인간의 3대 욕구

베네피트란 고객이 느끼는 가치라고 말했는데, 그렇다면 대체 '가치'란 무엇일까. '가치'라고 하면 괜히 더 듣기 좋은데, 한마디로 말해 인간의 욕구이며 욕망이다. 사람이라면 누구나 자신의 욕구를 실현하고 싶어 한다. 이것은 꼭 나를 위해서만 무언가를 하겠다는 뜻은 아니다. 다른 사람을 위해 어떤 행동을 하는 것도 넓은 의미에서 보면 욕구다.

그렇다면 욕구의 종류에는 대체 어떤 것이 있을까? 욕구라고 하면 맨 먼저 거론되는 것이 '매슬로Maslow●의 욕구 5단계설'이라는 이론인데, 단계가 다섯 개나 되다 보니 외우기도 어렵고 구분하기도 쉽지 않다. 그래서 내가 추천하고 싶은 것은 심리학자 클레이턴 앨더퍼Clayton Alderfer가 매슬로의 욕구 이론을 수정해서 제창한 ERG 이론이다. 이것은 Existence(생존), Relatedness(관계), Growth(성장)의 머리글자를 딴 이론인데, 나는 이것을 수정해 각각 '생존욕구', '사회욕구', '자기욕구'라고 부른다.

● 미국의 심리학자이자 철학자. 기본적인 생리 욕구에서부터 사랑, 존중 그리고 자기실현에 이르기까지 충족되어야 할 욕구에 위계가 있다는 '욕구 5단계설'을 주장하였다.

이 세 가지 욕구는 타고나는 것으로, 인간이라면 누구나 느끼는 것이다. 앨더퍼의 주장과는 조금 다를 수도 있지만, 이 내용을 마케팅이라는 문맥에서 해석하면 다음과 같을 것이다. 참고로 이 욕구 이론은 마케팅뿐만 아니라 상대를 설득하는 상황에도 응용할 수 있다. 예를 들어 부하직원에게 일을 맡길 때 다음과 같이 말하면 부하직원의 '욕구'를 자극할 수 있다.

> ✧ 이 일을 해내면 월급이 오를지도 몰라 → 생존욕구
> ✧ 이 일을 해내면 모두 대단하다고 칭찬할 거야 → 사회욕구
> ✧ 이 일을 해내면 많이 배우고 성장할 거야 → 자기욕구

✦ 인간의 3대 욕구

	욕구의 내용	욕구의 예
자기욕구	타인과는 무관하게 자기 안에서 완결된다	더 성장하고 싶다. 내 생각대로 살고 싶다. 내 주장을 관철하고 싶다. 보람을 느끼고 싶다. 스트레스를 발산하고 싶다.
사회욕구	타인과의 관계에서 좋은 사람으로 비치고 싶다	명예욕. 좋은 것을 과시하고 싶다. 추켜세워주면 좋겠다. 이성에게 인기가 있으면 좋겠다. 가족과 즐거운 시간을 보내고 싶다.
생존욕구	오래 살고 싶다, 육체적 쾌락	생계를 위한 돈이 필요하다. 역에서 가깝고 따뜻한 집에 살고 싶다. 맛있는 것을 먹고 싶다.

고객은 '욕구 충족'을
산다

인간은 이렇게 욕구를 채우기 위해 돈을 내고 무엇인가를 산다. 바꿔 말하면, 무엇인가를 팔려면 고객의 이러한 욕구를 채워주면 된다는 뜻이다.

인기 상품은 앞서 이야기한 인간의 3대 욕구를 동시에 충족시키는 경우가 많다. 각각의 욕구는 흔히 동시에 발생하곤 하는데, 최대한 동시에 만족시키는 것이 더 좋다는 뜻이다. 인기 있는 레스토랑은 당연히 맛도 좋고(생존욕구) 분위기도 좋아서 다른 사람을 데려가도 부끄럽지 않을 것이다(사회욕구).

한편 마니아를 겨냥한 상품은 주로 자기욕구를 자극하는 경우가 많다. 예를 들어 게임이나 DVD는 생활필수품이 아니므로 생존욕구는 채워지지 않는다. 다만 본인이 즐거우면 자기욕구가 채워질 것이고, 그것을 다른 사람에게 보여주고 함께 즐겁다면 사회욕구를 채울 수도 있다.

이러한 의미에서 마케팅이란 고객의 욕구를 채우기 위한 학문체계라고도 말할 수 있다. 그래서 마케팅을 할 때는 높은 윤리관을 갖춰야 한다. 미성년자에게 술과 담배를 파는 것처럼 위법한 일은 논외로 하고, 사겠다는 사람이 있다고 해서 신체에 악영향을 주는 제품을 무작정 파는 일은 절대 바람직하지 않다. 또 고객의 욕구를 채워준다는 핑계로, 예컨대 환경을 파괴할 수 있는 제품을 계속 만들어내는 것도 결코 해서는 안 된다. 주제넘은 소리로 들릴 수도 있겠지만, 무엇을 만들고 팔지를 결정할 때는 인류의 장기적인 행복(정의하기는 매우 어려운 일이지만)까지 고려해야 한다. 돈만 벌 수 있다면 무슨 짓을 해도 좋다는 생각은 버려야 한다.

✦ 인간은 3대 욕구를 채우기 위해 '산다'

	생존욕구	사회욕구	자기욕구
콜라	목을 축인다	트렌디한 음료	톡 쏘는 청량감
집	넓고 쾌적한 공간	'좋은 곳에 산다'는 말을 듣는다	내 집을 장만했다는 성취감
립스틱	자외선으로부터 입술을 보호한다	아름답게 보인다	내가 원하는 모습의 내가 된다
컴퓨터	업무에 사용한다	메일로 연락을 주고받는다	자신의 취미를 기록한다
옷	보온 및 피부 보호	패션 감각이 뛰어난 사람으로 보인다	나다운 모습으로 존재한다

CHAPTER 1

- -

◇ 마케팅이란 고객에게 가치를 제공하고 돈을 받는 일.

◇ 고객은 자기가 얻을 수 있는 가치가 자기가 지불하는 대가(돈,
  수고, 시간)보다 클 때 산다. 마케팅은 그 부등호를 유지 또는 확
  대하는 것이다.

◇ 고객이 원하는 가치를 베네피트라고 부르며, '기능적 베네피트'
  와 '정서적 베네피트'로 크게 나뉜다.

◇ 가치의 근원은 인간의 욕구이며, 욕구는 '생존욕구', '사회욕구',
  '자기욕구'로 나눌 수 있다.

마사루를 만난 다음 날, 마코는 출근하자마자 오쿠보 실장과 협상을 하러 갔다. 마코는 마사루와 만났고 그에게서 이것저것 배웠다는 사실을 오쿠보에게 간략히 보고한 뒤 말을 덧붙였다.

"시장조사차 이탈리안 레스토랑을 돌아보고 싶습니다."

그러자 오쿠보는 씩 웃으며 대답했다.

"좋아요. 저녁은 5,000엔까지 지원해줄게요. 영수증 챙겨오고요. 하지만 점심은 어차피 먹는 거니까 마코 씨가 알아서 해결하세요."

마사루와 일주일 뒤에 다시 만나기로 약속한 마코는 매일 이탈리안 레스토랑을 찾아다녔다. 이탈리안 레스토랑이 거기서 거기일 거라고 생각했는데, 막상 다녀보니 생각보다 훨씬 다양했다. 그런 것도 모르는 자신이 이탈리안 레스토랑 재건 기획안을 만들다니, 얼토당토않은 것 같아 갑자기 불안해졌다. 하지만 이제라도 그 사실을 깨달은 게 어디냐며 생각을 고쳐먹고, 다시 기획서에 몰두했다.

일주일 동안 레스토랑을 돌며 나름대로 결론에 도달한 마코는 오쿠보에게 다시 기획서를 내밀었다. 이번에는 시장조사 경험을 바탕으로 가장 맛있었던 음식을 한데 모아서 그것을 리스토란테 이탈리아노의 비장의 카드로 삼자는 아이디어였다.

"확실히 맛있어 보이기는 한데……. 안 되겠어요."

마코는 억울하지만 물러섰다. 퇴짜 맞는 데는 익숙해졌다.

"이유는 또 가르쳐주지 않으실 건가요?"

"말해주면 재미없잖아요."

오쿠보는 지난번과 똑같은 대사를 반복한 뒤, 한마디 덧붙였다.

"내가 말하면 안 되는 거예요. 우레타마 씨가 해내야지……."

마코는 그 말의 의미를 어떻게 받아들여야 좋을지 몰랐지만, 오쿠보가 자신에게 기대를 걸고 있다는 것만은 분명히 알 수 있었다.

두 번째 미팅 장소는 마사루가 예약한 오모테산도表参道의 이탈리안 레스토랑이었다. 인사는 하는 둥 마는 둥 자리에 앉고는 오쿠보에게 보여줬던, 메뉴 개선 중심의 기획안을 마사루에게도 건넸다.

"아, 이거 맛있겠다. 이것도 좋네. 카놀리cannoli* 같은 디저트도 잘 찾아냈네. 일본에서는 보기 힘든데."

"그치, 그치?"

"그런데 이번에도 꽝이야."

"하아, 역시……."

마코는 또다시 풀이 죽었다. 일주일간 눈에 불을 켜고 맛있는 메뉴를 찾아 돌아다녔지만, 그것만으로는 역부족인 듯했다.

"일주일 동안 한 것치고는 잘했어. 그런데 역시 안 돼."

"일주일은 벼락치기 수준이니까. 열 군데밖에 못 가봤고……."

"그런 말이 아니야. 마코, 사람들이 이탈리안 레스토랑을 찾는 이유가 뭐라고 생각해?"

"배고프니까 밥 먹으러 오는 거겠지?"

"그게 다였으면 요시노야吉野家**로도 충분할 텐데?"

"에이, 마사루 선배랑 만나는데 요시노야는 좀……."

"요시노야 주인한테 실례인데, 마코. 나는 요시노야도 좋거

---

* 튀긴 원통 모양의 빵 속에 크림이나 치즈, 과일 따위를 채워 넣은 디저트
** 일본의 소고기덮밥 체인점

든. 어쨌든 왜 요시노야는 안 되고 이탈리안 레스토랑은 되는 거지?"

"그야, 맛있잖아. 이탈리아 요리?"

"맛만 따지면 인도 요리도 있고, 고급 중식집도 좋잖아. 잠깐 주변을 둘러봐."

마코는 새삼스럽게 주위를 둘러봤다. 유행을 선도하는 오모테산도답게 매장에는 멋지게 차려입은 젊은 남녀들로 가득 차 있었다.

"이렇게 보니 우리도 데이트하는 사람들처럼 보이네."

"모르는 사람들이 보면 그렇네."

"아니, 남들은 진짜 남자친구랑 왔는데 나는 선배랑 여기서 기획서를 들여다보고 있고……."

"자자, 샛길은 그만. 왜 사람들이 이탈리안 레스토랑을 골랐을지 잘 생각해봐."

"아, 맞다, ……데이트?"

"그리고?"

마코는 다시 한번 주위를 둘러봤다. 가까운 테이블에 앉은, 나이 차가 많이 나 보이는 커플을 보면서 속삭였다.

"음, 불륜?"

"뭐, 그것도 맞는데, 그건 데이트와 비슷하잖아. 다른 건?"

"여자끼리 온 사람도 많네. 아마 오모테산도에서 밥 먹는 것 자체가 좋은가 봐. 세련되고 멋지잖아."

"오, 마코 입에서 훌륭한 대답이 나왔는데."

"어? 괜찮아? 농담이었는데."

"그게 진심이잖아. 마코도 첫 데이트라면 고깃집보단 오모테산도의 이탈리안 레스토랑이나 프렌치 레스토랑이 좋지 않겠어?"

"아무래도 그렇지."

"또 어떤 사람들이 오는 것 같아?"

"그리고 또……, 회사 접대 같은 것도 있겠고."

마사루는 부드럽게 미소 짓더니 몇 초간 뜸을 들였다.

"이제 알겠어?"

"……알았다! 손님은 단순히 음식만 먹으러 오는 게 아니야. 장소도 중요한 요소야!"

"정답이야."

"그렇구나, 데이트나 접대나 아니면 멋진 공간에서 좀 더 세련된 분위기를 맛보려고 이탈리안 레스토랑에 오는 거구나. 먹는 게 다가 아니네."

"맞아. 레스토랑이니까 먹는 건 중요하지. 맛도 당연히 있어야 해. 다만 그건 필요조건이지 충분조건은 아니야. 사람은 어떤 목적이나 욕구를 채우기 위해 무언가를 사거든. 이탈리안 레스토랑이라면, 예를 들어 '첫 데이트에서 상대방의 마음을 사로잡겠다'는 일념으로 일부러 오모테산도까지 오는 셈이지."

"그렇구나. 그래서 음식만 맛있으면 된다고 쓴 내 기획안이 잘못된 거구나."

"그런 목적이나 욕구를 마케팅에서는 베네피트라고 해. 직역하면 '편익'인데, 아무튼 구매행위를 통해 채우고 싶은 욕구를 말하지. 마코, 드릴을 사는 사람은 뭘 원한다고 생각해?"

"드릴이라면 공구 말이야? 드릴을 갖고 싶으니까 사는 거 아니야?"

"그것도 맞는 말인데, 드릴을 사서 뭘 하고 싶은 걸까?"

"주말 목수?"

"목공 도구가 필요하면 왜 망치가 아니라 드릴이지?"

"구멍을 뚫고 싶어서겠지?"

"그래! 드릴을 사는 사람은 드릴이 아니라 구멍이 필요한 거야. 당연한 말이지만 판매자가 되면 싹 잊어버리거든. 그게 드릴이 제공하는 '가치', 즉 베네피트야."

"그럼 이탈리안 레스토랑이 제공하는 가치, 음, 베네피트라고 했나? 그게 데이트라는 거야?"

"그게 다라고는 할 수 없어. 이전에 갔던 에비스의 레스토랑은 어땠어?"

"거긴 퇴근길에 오는 사람이 많던데. 그래, 회식 같은 거."

"그래. 레스토랑마다 다양하지. 히로오카상사의 리스토란테

이탈리아노, 그 매장은 어떤 베네피트를 제공하고 있는 것 같
아?"

"……."

그 말을 듣고 마코는 아무 말도 할 수 없었다.

"……모르겠어. 물론 음식을 먹으러 오는 것 같긴 한데, 그걸
로는 안 된다는 거지?"

"없다는 말인가?"

"없는 거나 다름없는 것 같은데."

"그럴 리 없잖아. 진짜 아무것도 없다면 아무도 오지 않겠지.
아마 마코가 모른다고 하는 편이 맞을 거야. 그건 그렇고, 애초
에 손님한테 물어본 적은 있어?"

"!!"

또다시 정신이 번쩍 들었다. 그러고 보니 회사에서 그런 자료
를 본 적이 없었다. 전임자에게 넘겨받은 데이터도 훑어봤지만,
매출 추이나 메뉴별 매출, 방문 고객 숫자만 있을 뿐, 고객의 의
견 같은 것은 없었다. 매장에 흔하디흔한 '고객의 소리' 엽서를
비치해놨지만, 고객의 반응은 거의 없었다. 입사한 지 한 달밖에
안 되었지만 이런 자료가 없다는 사실조차 깨닫지 못한 자신이
부끄러웠다. 어쩌면 리스토란테 이탈리아노의 지금 이 위기는
결국 언젠가 일어날 수밖에 없었던 인재人災가 아니었을까 하는
생각이 들었다. 하지만 만일 그렇다면 희망은 있다. 해야 할 일

을 하지 않아서 일어난 일이라면, 그 일을 하면 되니까!

그렇게 한참 머리를 굴리고 있는데, 마사루가 "노트!" 하고 외쳤다. 그래, 적어놔야지. 인기 컨설턴트인 만큼 마사루의 한마디 한마디는 의미가 있었다. 실없는 이야기처럼 들리는 것 같아도 결국 무언가로 연결됐다. 얼른 노트를 꺼내 마사루가 한 이야기와 지금 떠오른 생각들을 모두 기록했다.

식사가 끝나자 마사루는 디저트 메뉴를 보면서 말했다.

"역시 이 매장은 돌체로 가득하군. 제대로 된 가게야. 주문할게요. 저는 추코토zuccotto●랑 추파 잉글레세zuppa Inglese●●, 그리고 에스프레소는 투 샷으로 주세요."

"또 두 가지를 시키다니."

마코는 못 말리겠다는 표정으로 마사루를 쳐다봤다.

다음 날, 마코는 마사루와 이야기하며 적어둔 메모를 보면서 생각에 잠겼다. 잠시 문서를 작성하는가 싶더니 바로 출력해서

● 피렌체 두오모 성당의 지붕 모양을 본따 만든 이탈리아 전통 케이크
●● 럼을 뿌린 스펀지케이크를 층지어 쌓은 다음 크림을 바른 디저트

오쿠보 실장의 자리로 가져갔다.

"실장님, 리스토란테 이탈리아노 고객을 상대로 방문 이유에 관해 설문조사를 하고 싶은데요."

"네, 좋죠. 몇 번이나 말했지만 이건 우레타마 씨 프로젝트니까 자유롭게 해도 좋아요. 예산은 별로 없지만."

"이런 느낌으로 하면 괜찮을까요?"

마코는 설문조사 내용을 오쿠보에게 보여주었다.

"이거, 마사루 씨라고 했던가, 우레타마 씨 도와주시는 분 아이디어인가요?"

"아, 아뇨, 제가 방금 생각해낸 건데……."

"그래, 그런 것 같았어요. 이렇게 하면 조력자로서 실격이에요."

그러더니 오쿠보가 한 문장을 추가했다.

"이것도 물어보는 게 좋아요. 이 문장, 고치면 안 돼요. 그대로 쓰는 겁니다."

"아, 네."

오쿠보가 구체적인 지시를 내리는 일은 드물었기 때문에 마코는 귀담아들었다. 완성한 설문지를 잔뜩 복사한 뒤 마코는 리스토란테 이탈리아노로 향했다.

"뭐야. 본사 나리가 이런 것까지 해서 뭐 하시려고."

내키진 않았지만 절차를 지키기 위해 마코는 주방의 기요카 와 점장 대리에게 설문조사를 제안했다. 그 결과가 이 노골적인 빈정거림이었다. 처음에는 냉정하게 받아쳤다.

"우선은 고객이 원하는 걸 아는 게 중요하다고 생각해서요."

"어떻게 하면 되는지는 나도 알아. 음식만 맛있으면 손님은 저절로 따라와."

"하지만 지금 매출이 떨어지고 있는 것도 사실이잖아요."

마코는 냉정함을 유지하려고 안간힘을 썼다.

"뭐라고? 이게 우리 탓이라 이거야? 지금까지 본사가 원하는 대로 실컷 하게 놔뒀더니, 그 책임을 가게에 떠넘기기나 하고 말 이야!"

가는 말이 고와야 오는 말이 고운 법. 이렇게 되면 이판사판이 다. 마코는 길길이 날뛰는 상대를 어떻게 다뤄야 하는지 알 정도 로 인생 경험이 많지 않았다.

"그런 말 한 적 없거든요. 그건 점장 대리님의 피해망상 아닌 가요!"

순간 기요카와의 얼굴이 험악해졌다. 말하고 나서야 마코는 아차 싶었다.

"뭐? 당신 지금 말 다했어!"

기요카와가 분노로 일그러진 얼굴로 일어섰다.

"네, 저도 제 뜻대로 하겠습니다!"

마코도 톡 쏘아붙이고는 주방을 나왔다. 우당탕탕! 양동이가 무언가에 부딪치는 듯한 소리가 울려 퍼졌다. 홀에서는 직원들이 얼어붙은 표정으로 마코를 보고 있었다.

"아, 저기, 손님들한테 설문조사를 하고 싶은데……."

마코가 홀 매니저인 노조미에게 말을 걸자, 기요카와가 성큼성큼 다가와 설문지 다발을 낚아채더니 공중에 확 뿌려버렸다.

"너희들, 털끝 하나 도와주지 마!"

"하, 진짜……."

마코는 화가 나 몸이 부들부들 떨렸다.

"왜요, 도대체 왜 그러시는 건데요! 이 매장을 살려보려고 저도 애쓰는 거잖아요! 그러는 점장 대리님은 뭘 했다는 건데요! 그런 말 하실 거면 매출을 올려보라고요! 고객을 끌어오라고요! 점장 대리면서 책임자로서 뭐 찔리는 거 없으세요!"

마코는 화를 주체하지 못하고 소리를 질렀다. 기요카와가 성큼성큼 되돌아와 "시끄러워! 너희들이 뭘 알아!" 하고 고함치고는 다시 주방으로 들어갔다. 이번에는 문을 걷어차는 소리가 들렸다.

마코는 굴욕감과 분노로 몸이 떨렸다. 빰을 타고 눈물이 흘러내렸다. 눈물을 훔치면서 설문지를 주워 모으는 마코의 뒷모습에서 분노의 열기가 김처럼 피어오르는 것을 그 자리에 있는 사람이라면 누구나 느낄 수 있었다.

노조미가 설문지 줍는 것을 도와주자 홀 직원들도 하나둘씩 바닥에 나동그라진 용지를 주웠지만, 주방 직원은 겸연쩍은 듯 제자리로 돌아갔다.

"마코, 미안해."

노조미가 면목 없다는 듯 입을 뗐다.

"아, 아니야, 나야말로……. 매장에 민폐만 끼쳤네, 미안해, 노조미."

삼시 바닥에 흩어진 종이 줍는 소리만 났다. 노조미는 다 주운 종이를 정리해서 마코에게 건넸다.

"나, 진심으로 도움이 되고 싶어. 다들 이렇게 열심히 하는데, 어떻게든 이 매장을……."

마코가 노조미의 손을 잡으며 진심을 담아 말했다.

"내가 할 수 있는 일이 있으면 도와줄게. 나 원래 기요카와 점장 대리님 부하도 아닌데 뭐. 들키면 또 화내시겠지만."

그 후 노조미는 기요카와 몰래 설문지 배포와 회수를 도와주었고, 덕분에 일주일 만에 100장가량 되는 설문지를 회수할 수 있었다. 사장 앞에서 프레젠테이션하는 날까지 앞으로 6주가 남았다. 프레젠테이션도 하기 전에 문제의 핵심인 매장이 이런 상태여도 괜찮은 걸까……. 게다가 그 혼란을 더 가중한 건 나였다. 마코는 커져만 가는 불안을 필사적으로 억눌렀다.

CHAPTER 2

누구에게
상품을 팔 것인가
세그먼테이션과
타깃

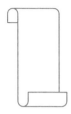

나눈 뒤 타깃을 정할 것이냐
타깃을 정하기 위해 나눌 것이냐

지금까지 고객이 원하는 가치인 베네피트에 관해 이야기했는데, 이번 장에서는 '세그먼테이션segmentation'과 '타깃target'을 살펴보려고 한다. 이것 역시 마케팅에서 아주 중요한 개념이다.

일단 앞 장에서 추려본 손목시계의 베네피트를 다시 살펴보자. '항상 정확한 시각이 표시된다', '건전지를 교체하지 않아도 된다'와 같은 기능적 가치를 추구하는 사람은, 예를 들어 태양열 전파시계처럼 정확하면서도 건전지를 교체할 필요가 없는 시계를 선호할 것이다. 이런 사람들은 디자인이 멋지면 더할 나위 없겠지만 그보다는 기능이나 가격을 더 중시한다.

반대로 '정장에 잘 어울릴 것', '세련된 디자인', '액세서리로서의 가치' 등을 추구하는 사람은 일단 보기에 그럴듯한 시계를 원한다. 그래서 때에 따라서는 정확성이 후순위로 밀린다.

이처럼 손목시계든 여타 제품이든 사람마다 추구하는 가치가 다르므로 물건을 팔 때는 고객을 나눈 뒤 그에 맞춰 대응해야 한다. 이때 고객을 분류하는 것을 '세그먼테이션'이라고 하고, 그렇게 분류한 고객 그룹을 '세그먼트'라고 부른다. 그리고 세분화한 세그먼트 중에서 상품을 팔겠다고 목표로 정한 고객 그룹을 '타깃'이라고 부른다. '나눈다', '공략한다' 등의 표현은 판매자의 시각을 반영한 용어지만, 관습적으로 그렇게 부르고 있고, 다른 이름을 붙이면 오히려 혼란만 초래하므로 여기서는 그에 따르려고 한다.

고객을 나누지 않으면 타깃을 정할 수 없다. 또한 타깃을 정하려면 고객을 나눠야 한다. 그래서 세그먼테이션과 타깃은 늘 한 세트다. 주의해야 할 점은 나누는 것 자체가 목적이 아니라, 사람마다 원하는 베네피트가 다르기 때문에 나눈다는 사실이다. 만약 세상 사람들이 전부 같은 가치를 추구한다면 세그먼테이션 작업은 필요하지 않을 것이다.

참고로 '세그먼트'라는 단어는 비즈니스 업계에서는 대개 '사업 분야'의 의미로 쓰일 때가 많다. 주주에게 보내는 보고서 등에서 '세그먼트별(분야별) 매출'을 발표하는데, 이때의 세그먼트는 '사업'을 나눈 것이다. '분류하다'라는 본래의 의미는 같지만, 마케팅에서 말하는 '세그먼트'는 고객을 분류한 것으로 용법이 조금 다르다.

✦ 세그먼테이션과 타깃

세그먼테이션 = 분류하는 것 | 타깃 = 목표 고객

세그먼트	세그먼트
세그먼트	세그먼트
세그먼트	세그먼트
세그먼트	세그먼트

분류한 각 세그먼트 중에서
상품을 팔 고객 세그먼트가 '타깃'

욕구는 사람마다 모두 다르다

세그먼테이션을 하는 이유는 사람마다 중시하는 욕구가 다르기 때문이다. '남들 눈은 신경 쓰지 않고 실리를 추구하며 살고 싶은' 사람은 사회욕구에는 크게 관심이 없을 것이고, '승진해서 다른 사람들에게 인정받고 싶은' 사람은 사회욕구가 중요할 것이다. 이는 좋고 나쁘고의 문제가 아니라 단지 욕구가 사람마다 다르기에 일어나는 일이다.

한편 상황에 따라서 중시하는 욕구가 달라지기도 한다. 손목시계를 예로 들면, 일상생활에서는 천 엔짜리 디지털 손목시계를 차도 충분하지만, 격식을 갖춰야 하는 비즈니스 현장에서는 브랜드 제품을 차고 싶은 마음이 들기도 한다.

저녁 식사를 할 때도 허물없는 친구와 함께라면 '외관은 다소 허름하더라도 맛있는 집'이면 충분하겠지만('맛있다'는 생존욕구를 중시), 호감 있는 이성과 함께하는 자리라면 '데려갔을 때 부끄럽지 않은 가게'를 기준으로 고를 수도 있다(사회욕구를 중시).

이렇게 추구하는 가치와 욕구는 사람마다, 또 상황에 따라 달라지므로 분류해서 대응해야 한다.

고객을 어떻게 나눠야 할까

세그먼테이션 방법 중에서 가장 대표적인 것은 성별, 나이, 거주지 등의 인구통계적 기준으로 고객을 분류하는 인구통계 세그먼테이션이다. '20대 여성을 공략한다'라는 식이 여기에 해당한다.

이 방법의 장점은 누락이나 중복 없이 논리적으로 고객을 나눌 수 있다는 점이다. 어떤 한 사람이 20대 남성이면서 30대 여성일 수는 없기 때문이다. 또 기준이 명확해 분류하기가 쉽다. 생년월일만 알면 나이를 알 수 있고 해당하는 연령대 세그먼트에 집어넣을 수 있다.

가장 단순하면서도 아마도 가장 많이 쓰이는 분류 방법이 성별과 나이를 기준으로 한 세그먼테이션일 것이다. 예를 들면 TV 광고 세그먼테이션에도 이 방법을 사용한다. 다소 전문적인 이야기인데, 여성 20~34세='F1', 여성 35~49세='F2', 여성 50세 이상='F3'으로 분류한다. 남성은 남성 20~34세='M1', 남성 35~49세='M2', 남성 50세 이상='M3'으로 분류해놓고, '이번에는 F1과 M1이 타깃이다' 하는 식으로 사용한다.

개인을 대상으로 한 비즈니스에서는 성별, 나이 세그먼테이션을 가장 많이 사용하는데, 그것은 이 두 가지 축이 소비 행동과 추구하는 베네피트에 미치는 영향이 크기 때문이다. 물론 이외에도 영향력이 큰 축이 있다. 예를 들면 자녀의 유무다. 같은 40대 부부라도 자녀의 유무에 따라 행동반경이 크게 달라지고, 아이를 맡길 곳이 있느냐도 행동에 큰 영향을 미친다. 또한 자녀가 있다면 집의 넓이, 방 배치 등에서 요구하는 바가 늘어날 수도 있다.

어떤 계층을 공략할 것인가도 타깃을 정하는 하나의 방법이다. 고객을 무엇을 기준으로 어떻게 나누고 선택할 것인가가 곧 전략이며, 실력이 드러나는 지점이기도 하다.

이 방법에도 단점은 있다. 20대와 30대를 나눌 때 29세는 20세와 같은 '20대' 세그먼트로 분류되고, 30세는 39세와 같은 '30대' 세그먼트로 분류된다. 또 앞서 이야기한 F1 세그먼트(여성 20~34세)에서는 20대 대학생, 29세 미혼 직장인, 34세 전업주부 여성을 완전히 똑같이 취급한다.

이것이 과연 '고객의 특성은 모두 다르므로 나눈다'는 세그먼테이션 본래의 목적에 부합한다고 볼 수 있을까? '그렇다면 더 세분하면 되지 않느냐'고 생각할지도 모르지만, 너무 잘게 쪼개면 복잡해질 뿐이다.

개인 고객을 성별과 나이를 기준으로 기계적으로 나누는 것처럼, 법인 고객도 직원 수, 업종 등으로 기계적으로 나눌 수 있다. 개인을 상대하든 법인을 상대하든 기본은 같은 셈이다.

심리적 세그먼테이션이란?

인구통계적 세그먼테이션과 달리 심리와 행동, 라이프스타일 등을 기준으로 한 '심리적 세그먼테이션'도 있다. 그중 하나가 상품의 보급 과정에서 물건을 일찍 구입하는가, 늦게 구입하는가, 아니면 아예 구입하지 않는가로 고객을 분류하는 것이다. 보통 다음과 같이 나눈다.

◇ **혁신자**Innovators - 가장 먼저 발견해 쓰는 사람
◇ **조기 수용자**Early Adopters - 일반에 보급되기 전에 쓰는 사람
◇ **전기 다수자**Early Majority - 보급되기 시작할 즈음에 쓰는 사람
◇ **후기 다수자**Late Majority - 거의 다 보급된 것을 확인하고 나서 쓰는 사람
◇ **지체자**Laggards - 가장 늦게 쓰거나 쓰지 않는 사람

예를 들어, 인터넷과 이메일 보급 과정은 이렇게 나눠볼 수

있다.

먼저, 아직 PC 통신이라 불렀던 80년대 후반부터 90년대 초반에 인터넷을 사용한 사람은 혁신자다. 이들은 윈도가 아니라 MS-DOS 등 명령어를 입력해 컴퓨터를 다루던 마니아층으로, 가장 빨리 인터넷과 이메일을 받아들였다.

90년대 후반, 윈도3.1이나 윈도95의 보급에 발맞춰 사용한 사람은 조기 수용자다. 이들은 인터넷이나 이메일이라는 단어가 일반 대중에 퍼지기 시작할 무렵, 재빠르게 그 파도에 올라탔다.

전기 다수자는 윈도95의 폭발적 붐이 일고 인터넷이라는 용어가 자주 언급될 무렵, 비교적 쉽게 인터넷에 접속할 수 있었던 90년대 후반부터 2000년경 사이에 사용한 사람들이다. NTT 도코모는 1999년에 'i-모드' 서비스*를 출시했는데, 이를 계기로 인터넷 보급률이 급증했다.

2000년경, 이른바 닷컴버블이 정점을 찍은 이후에 사용하기 시작한 사람들은 후기 다수자다. 윈도2000으로 인터넷 접속이 훨씬 쉬워졌고 주변에서 가르쳐주는 사람도 늘어났다. 또한 i-모드로 메일을 주고받는 일도 일상이 됐다.

2004년 이후에 이메일을 사용하기 시작한 사람은 지체자다.

---

* 휴대전화로 인터넷에 접속해 이메일을 주고받거나 웹페이지를 열람할 수 있게 한 서비스

또한 아직까지도 사용하지 않는 사람은 인터넷을 쓰지 않기로 택한 사람으로 앞으로도 사용하지 않을 가능성이 크다. 따라서 이메일 보급률은 이즈음에 한계점에 다다를 것이다.

베네피트로 나누는
세그먼테이션

심리적 세그먼테이션은 위와 같은 사례만 있는 것은 아니다. 앞서 언급한 손목시계를 다시 예로 들면, 다음과 같은 베네피트가 있고 그 베네피트를 추구하는 고객이 있으며, 각각을 세그먼트로 간주할 수 있다.

적당히 정확하고 저렴한 상품을 원하는 고객층

시간이 그런대로 잘 맞으면서(몇 초 혹은 1분 느리거나 빠르다) 값이 저렴하면 구입을 결정하는 사람들. 시계에 대한 집착이나 애착이 그리 크지 않다.

관리하기 쉬운 상품을 원하는 고객층

가능한 한 시간이 정확하면 좋겠지만, 따로 시간을 맞추거나 건전지를 교체하기는 귀찮은 사람들. 이런 조건을 만족해주는 상품이라면 값이 좀 비싸도 상관없다.

디자인이 중요한 고객층

일단 보기에 좋아야 하므로 디자인을 중점으로 고르는 사람들. 일할 때 차는 시계와 평소에 차는 시계를 구분해서 쓰려고 한다. 정확성이 다소 떨어지는 수동식 시계라도 상관없다.

브랜드가 중요한 고객층

고급 브랜드 시계를 차고 있다는 걸 남들에게 과시하고 싶은 사람들. 브랜드에 '자신이 추구하는 모습'을 투영한다.

이처럼 베네피트를 기준으로 세분화하는 것을 '베네피트 세그먼테이션'이라고 부른다. 세그먼테이션을 하는 본래 목적이 '사람마다 베네피트가 다르기' 때문이므로 이 방법은 가장 목적에 부합한다.

성별, 나이별 세그먼테이션에서는 같은 20대 남성이어도 추구하는 베네피트가 다른 경우가 빈번히 발생하지만, 베네피트를 기준으로 분류하면 이런 문제를 피할 수 있다.

하지만 이와 같은 심리적 세그먼테이션은 실행하는 데 한계가 있다. 일단 고객을 분류하기가 어렵다. 어떤 사람이 혁신자인지, 또 어떤 베네피트를 기대하고 있는지는 직접 묻기 전까지는 알 수 없다. 또 운 좋게 답변을 들었다 해도 어느 세그먼트로 분류해야 할지 명확하지 않다. 성별, 나이별 세그먼트처럼 명확한

경계선이 없기 때문이다. 어떻게 물어야 하는지도 문제다. "당신
은 혁신자입니까?" 하고 물으면 "네?" 하고 되물을 것이다. 그럴
때는 현재 읽고 있는 잡지나 소유하고 있는 자동차 스타일, 영
화 관람 횟수나 외식 횟수 등을 통해 유추할 수밖에 없다.

두 가지 세그먼테이션을
연결하라

이상적인 방법은 인구통계적 세그먼테이션과 심리적 세그먼테
이션 양쪽을 적절히 활용하는 것이다. 꼭 그런 것은 아니지만,
성별과 나이가 고객의 심리와 행동을 파악하는 데 어느 정도 단
서가 되는 경우가 많다. 왜냐하면 성별이나 나이는 라이프스타
일의 변화를 어느 정도 정확하게 보여주는 지표이기 때문이다.

> ✦ 20대 남녀는 미혼이고 직장생활을 시작했으므로 활동적이다.
> ✦ 40~50대는 가정을 이루고 자녀를 낳아 자녀에 많이 투자한다.
> ✦ 60대 이후는 정년퇴직한 뒤이므로 시간이 많다.

이렇듯 어찌 보면 당연한 말이겠지만, 성별과 나이는 고객의
심리나 행동에 영향을 미친다.

예컨대 세븐일레븐이 발표한 자료에 따르면, 이 편의점의 고

객층은 다음과 같다. 20~30대가 51퍼센트로 내점객의 과반수를 차지하는데, 전체 인구 중 20~30대가 차지하는 비율이 30퍼센트 정도인 것을 감안하면 아주 높은 수치다. 이것은 20~30대의 상당수가 1인 가구다 보니 직접 요리하기보다 조리된 도시락이나 인스턴트식품을 구입하고, 직장을 다니므로 밤 늦게까지 여는 매장을 찾게 되어 자연스레 이런 수치가 나왔을 것이다. 20~30대의 라이프스타일이 구매 행동에 영향을 준 것이다.

어떤 성별이나 연령층에 공통으로 나타나는 심리와 행동을 이해하면, 인구통계적 세그먼테이션과 심리적 세그먼테이션을 적절히 연결해 해석할 수 있다. 그렇게 되면 심리나 행동을 측정하거나 어렵게 자료를 수집하지 않아도 단순히 성별과 나이로 그 사람이 어떤 행동을 할지 예측할 수 있으므로 성별과 나이만

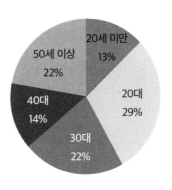

출처: 세븐일레븐 재팬(Corporate Outline 2005)

✦ 세븐일레븐의 고객층

조사하면 된다는 말이 된다.

타깃을 정한다는 것은
좁혀나간다는 것

고객을 분류한 다음에는 나눈 세그먼트 중에서 어떤 그룹을 '타 깃'으로 정할지 결정해야 한다. 그렇다면 타깃은 어떻게 정해야 좋을까? 중요한 선택 기준 몇 가지를 알아보자.

시장이 충분히 큰가?

일단 해당 세그먼트가 시장으로서 충분히 커야 한다. 극단적 으로 말하면 고객이 세 명밖에 안 되는 세그먼트를 타깃으로 정 하면 비즈니스가 성립하지 않는다. 이는 입지가 중요한 소매점 의 경우에도 마찬가지인데, 상권을 어디까지로 정할 것인가는 중요한 문제 중 하나다. 상권을 인근 도보 지역으로 한정하면 주차장은 필요하지 않겠지만, 그로 인해 상권이 너무 좁아져 비 즈니스가 성립하지 않는다면 상권을 넓히기 위해 주차장이 필 요해질 수도 있다.

특정 분야의 마니아를 대상으로 상품을 팔고 싶은 경우도 마 찬가지다. 특화된 상품과 서비스를 제공하는 것 자체는 나쁜 아 이디어가 아니지만, 너무 소수의 사람이 좋아할 만한 상품을 팔

다가는 아무도 사지 않는 상황이 발생할 수도 있다.

시장이란 돈이 오가는 곳이므로, 수중에 돈이 있고 그 돈을 낼 의향이 있는 고객 세그먼트를 타깃으로 삼아야 한다. 당연한 말 같지만, 특히 법인 고객을 상대하는 비즈니스에서는 절대 간과해선 안 된다. 돈이 없는 법인에 상품을 건넸다가 돈을 받지 못하면 그런 낭패가 없다. 이른바 여신관리를 제대로 할 수 없는 것이다. 냉정한 말 같지만 '돈을 내지 않는 고객'은 고객이라고 부를 수 없다.

경쟁이 치열한가? 강점을 발휘할 수 있는가?

해당 타깃(세그먼트)을 둘러싸고 경쟁이 치열한지도 주의 깊게 살펴봐야 한다. 예컨대 '20대 여성 세그먼트'는 패션은 물론 식품, 레스토랑 등에서도 경쟁이 치열하다. 편의점은 앞서 나온 세븐일레븐의 자료로도 알 수 있듯이 20~30대 남성을 두고 경쟁이 치열했는데, 최근에는 지금껏 경쟁이 그리 심하지 않았던 20~30대 여성 세그먼트에서도 경쟁이 심화되고 있다. 이 추세라면 머지않아 노년층을 겨냥한 편의점도 생길 것이다.

물론 경쟁이 치열한 세그먼트라도 자사의 상품과 서비스가 압도적으로 뛰어나다면 문제는 없다. 반대로 경쟁이 적은 세그먼트라면 앞서 나가기 쉽다고 생각하겠지만, 경쟁이 심하지 않더라도 경쟁자보다 뒤떨어지면 고객은 외면하고 만다.

그래서 '자사의 강점을 살릴 수 있는가' 하는 기준도 중요하다. 이는 타깃으로 삼은 고객 세그먼트가 자사의 강점을 높게 평가하는가의 문제다. 당신의 회사가 기술 개발력이 뛰어나다면 기술 개발에 큰 가치를 두는 고객을 타깃으로 삼으면 된다. 마찬가지로 당신 회사가 고객 서비스에 탁월하다면 고객 서비스에 가치를 두는 고객을 타깃으로 삼으면 된다.

절실히 원하는 가치인가?

당신의 상품과 서비스가 고객이 절실히 원하는 가치라면 팔기가 더 수월하다. 가령 당신이 '가사 대행 서비스'를 제공한다면, 주요 베네피트는 '시간 절약'일 것이다. 시간 절약을 절실히 원하는 사람은 자녀를 둔 맞벌이 가정일 것이다. 그렇다면 '전업 주부가 있는 가정'보다는 '자녀를 둔 맞벌이 가정'이라는 세그먼트를 공략해야 팔기가 더 수월할 것이다.

다만 이런 세그먼트는 당연히 경쟁자도 눈독을 들이고 있으니 경쟁이 치열할 수 있다는 점은 유념해야 한다.

타깃을 선정하는 기준은 이 밖에도 많지만, 우선 이 세 가지는 최소한 확인하기를 바란다.

좁히지 않으면
누구에게도 팔 수 없다

타깃의 범위를 좁히는 이유는 단순하다. 좁히지 않으면 팔리지 않기 때문이다. 만약 당신이 30대 남성이라면 누구든 보라고 만든 잡지와 30대 남성을 대상으로 만든 잡지 중에서 어느 쪽을 구매할까? 보통은 후자를 택할 것이다. 이런 상황은 다른 세그먼트에서도 일어난다. 결국 모든 사람을 대상으로 한 책은 모든 사람이 본다는 이유로 아무도 사지 않는 아이러니에 빠진다.

그 전형적인 사례가 백화점이다. 모두에게 열려 있는 전략을 폈다가 고전하는 백화점이 많다. 가장 격렬한 싸움을 벌이는 곳을 꼽자면 오다큐小田急, 게이오京王, 다카시마야高島屋, 이세탄伊勢丹과 같은 쟁쟁한 백화점이 모여 있는 신주쿠역 주변일 것이다. 이들 백화점의 순위(매출액, 2006년 기준)는 다음과 같다.

> ✧ 1위 이세탄 신주쿠 본점 2,522억 엔
> ✧ 2위 오다큐 백화점 신주쿠점 1,162억 엔
> ✧ 3위 게이오 백화점 신주쿠점 1,003억 엔
> ✧ 4위 다카시마야 신주쿠점 799억 엔

독보적인 이세탄은 별개로 하고, 2위 자리를 놓고 오다큐와

게이오가 다투고 있다. 호조를 보이는 게이오는 중장년층 여성을 타깃으로 삼은 백화점으로 유명하며, 1위인 이세탄은 '패션'을 강점으로 내세워 젊은층을 집중 공략하고 있다. 젊은층은 이세탄으로, 중장년층은 게이오로 가는 구도가 잡힌 것이다. 남녀노소 모두를 타깃으로 삼은 백화점은 결국 젊은층도 중장년층도 놓치는 셈이 된다는 얘기다.

한편 타깃을 좁힌다는 것은 성별과 나이로 인구통계적 세그먼트를 정하는 것뿐 아니라 라이프스타일 등의 심리적 세그먼트를 구체적으로 그리는 것이기도 하다. 예를 들어 인구통계적으로 '50대 여성'으로 고객층을 좁혔다 해도, 거기서 한발 더 나아가 이미지를 더 구체화하는 것이 중요하다. 예를 들면 50대 여성이라는 무미건조한 단어에 다음과 같은 것들을 고려하면 이미지가 확 달라진다.

> ✧ 외모는 어떤가? 머리 색깔은? 화장은? 표정은?
> ✧ 차림은 어떤가? 양복인가 전통의상인가? 체형은?
> ✧ 하루를 어떻게 보내는가? 여행에 빠져 있는가? 커리어우먼인가 주부인가? 취미는?

조금 극단적인 말이지만, 같은 50대 여성이라도 추구하는 가치는 완전히 다를 수 있다. 외국계 회사 간부이면서 남편과 단둘이 살고, 매일 열두 시간씩 일에 매진하는 50대 여성이 있다. 반면 전업주부로 살면서 남편과 고등학생 자녀가 둘 있고, 가사와 취미생활로 바쁜 50대 여성이 있다. 이 두 유형은 서로 추구하는 가치가 전혀 다를 것이다.

마케팅이란 인구통계 등의 숫자로 분석할 수 있는 좌뇌적 정보와 인간의 심리와 행동 등의 우뇌적 정보를 조합해 고객에게 한 발씩 다가서는, 지적이면서도 끈기가 필요한 일이다.

CHAPTER 2

- -

◇ 원하는 베네피트나 가치는 고객마다 다르므로 '세그먼테이션' 으로 고객을 분류한 뒤 각각의 가치를 실현한다.

◇ 세그먼테이션은 성별과 나이 등으로 나누는 인구통계학적 방법과 심리와 행동으로 나누는 심리적 방법 두 가지로 크게 나눌 수 있다.

◇ 분류한 고객 세그먼트 중에서 팔고 싶은 세그먼트가 '타깃 세그먼트'가 된다.

◇ 시장이 충분히 큰가, 자사의 강점을 살릴 수 있는가, 자사의 상품과 서비스가 절실하게 필요한가 등을 기준으로 타깃을 선정한다.

리스토란테 이탈리아노의 매출은 계속해서 하향곡선을 타고 있었다. 마코가 기요카와와 부딪친 이후로 안 그래도 삐걱대던 주방과 홀은 골이 더 깊어졌다. 매장 분위기는 개점 이래 최악으로 치달았고, 그 분위기는 손님들에게도 고스란히 전해졌다.

마코는 회수한 설문지 결과를 분석하면서 흠칫했다. 음식에 대한 평가가 나쁘지는 않았지만 그렇다고 아주 높지도 않고 들쭉날쭉이었다. 게다가 요리에 후한 점수를 주지 않으면서도 여러 번 방문했다고 답한 사람도 있었다.

"맛이 별로인데 왜 계속 오는 거지?"

그 답은 오쿠보가 추가한 주관식 문항에 있었다. '왜 다른 곳이 아니라 우리 레스토랑을 찾아오셨나요?'에 대한 답변은 다음과 같았다.

- ◇ 직원들이 친절해서 좋다.
- ◇ 음식이 맛있다.
- ◇ 매장이 밝고 탁 트인 느낌이다.
- ◇ 콘센트가 많아서 노트북을 쓰기 편하다.
- ◇ 마음이 편안해지는 음악에 기분이 좋아진다.
- ◇ 테이블이 큼직해서 글 쓰는 작업을 할 수 있다.
- ◇ 화장실이 넓고 깨끗하다.

직원 응대는 물론 화장실이나 콘센트 같은 생각지도 못했던 답변이 쭉 이어졌다. '이탈리안 레스토랑에 오는 이유는 단지 먹기 위해서만은 아니다'라던 마사루의 지적이 적중했다. 이것이 진짜 '고객의 소리'였다. 마코는 그동안 자신이 얼마나 고객의 관점을 잊고 있었는지를 깨달았다.

분석 결과를 오쿠보에게 보고하자 그는 만족스러운 듯 고개를 끄덕였다.

"그래, 그렇겠지. 그런데 우레타마 씨는 이 중에 어떤 답변이 제일 중요한 것 같아요?"

"네? 다 중요한 것 같은데요."

"그러면 우레타마 씨는 이걸 보고 무슨 생각이 들었죠?"

"음, 의견이 참 다양하구나, 생각했죠. 아, 맞다, 음식만 중요한 게 아니구나, 하는 것도요."

"그건 그렇지. 그래서 어떤 답변이 중요한 것 같아요?"

어느샌가 다시 맨 처음 질문으로 돌아가 있었다.

"네? 하나하나가 다 중요하지 않을까요?"

"좋아요, 좀 더 생각해보기로 하죠. 설문조사 답변의 '이면'을 봐야 해요."

"설문조사의 이면이요?"

"그래요."

마코는 저도 모르게 설문지를 뒤집어 뒷면을 봤다. 당연히 백지였다.

"하하하, 진짜 못 말린다니까. 아무튼 고민 좀 해봐요."

"그럼 전 이면을 찾으러 오늘은 일찍 퇴근하겠습니다."

"그래요. 수고했어요."

오늘은 마사루와 세 번째 만나는 날이었다. 오늘 만나는 곳은 지난번 오모테산도의 차분한 이탈리안 레스토랑과는 달리, 마사루가 고른 캐주얼한 분위기의 이탈리안 레스토랑이다. 대충 인사를 나눈 두 사람은 곧바로 본론으로 들어갔다. 제법 소란스러운 분위기에 두 사람 모두 자연스럽게 목소리가 점점 커졌다.

"지난번에 마사루 선배가 말해준 대로 손님들한테 왜 우리 매장에 오는지 설문조사를 해봤어."

"진짜? 설문지는 마코가 작성한 거야?"

"그럼!"

마코가 자신감 있게 고개를 끄덕이자, 마사루가 의아한 듯한 표정을 지었다.

"일단 한번 봐봐."

"의외의 답변이 나오지 않았어? 화장실이라든가 콘센트라든 가."

마코는 깜짝 놀랐다. 요식업계 컨설팅은 해보지도 않은 마사루가 어떻게 그런 것까지 속속들이 알까?

"그걸 어떻게 알았어?"

"마코, 요전에 만났을 때 뭘 배운 거야."

"음, 내가 왜 그 레스토랑을 선택했는지, 그리고…… 아! 현장 감각."

"그래, 맞아. 아이러니하게도 업계에 오래 있을수록 업계가 잘 안 보여. 파는 사람의 생각이 몸에 완전히 배어버리는 거지. 그래서 나 같은 컨설턴트한테 시급 10만 엔을 주고서라도 의뢰하는 사람이 있는 거고. 요식업계 일은 일절 몰라도 손님이 레스토랑을 고르는 법은 현장 감각으로 알거든. 외부에서는 당연하게 보이는 게 안에 있는 사람에게는 보이지 않아. 그러니까 마코도 업계 관습에 매몰되기 전에 다방면으로 살펴보는 게 좋을 거야."

그렇다. 기요카와가 무능한 게 아니었다. 업계 상식에 얽매이는 것은 어떤 의미에서는 당연한 일이었다. 마코는 기요카와와 부딪친 일을 마사루에게 이야기했다.

"아이구, 꼬맹아."

마사루는 웃으며 말했다.

"뭐, 젊었을 때 그런 경험을 해보는 것도 괜찮지. 나도 몇 번 경험했거든. 100명이나 되는 영업 담당자를 적으로 만들어서 한바탕 한 적도 있어. 그러다 상사까지 적으로 돌리고 말이야. 확실히 그때는 좀 힘들었지……. 그래도 그 덕분에 사람을 움직인다는 것의 의미를 제대로 이해했어."

마사루는 먼 곳을 바라보았다.

"흥, 선배도 꼬맹이었네."

말은 퉁명스럽게 내뱉었지만, 마사루도 어릴 때는 나와 똑같은 경험을 했다는 사실에 묘한 안도감과 친밀감을 느꼈다.

"뭐, 일단 벌어진 일은 어쩔 수 없지. 자, 설문조사, 설문조사에 집중하자."

주문한 피자가 나오자 두 조각을 겹쳐 입에 한가득 넣으면서 마사루가 말했다. 입 주변이 토마토소스로 빨개졌다.

"하, 선배, 입 좀 닦아. 칠칠치 못하게."

"괜찮아. 여기 잘 보여야 할 사람 있냐."

"뭐야, 앞에 앉은 나는 사람이 아니다?"

마코는 설문지 뭉치를 건넸다.

"잠깐만, 지금은 말 걸지 마. 설문조사의 이면을 볼 거니까."

"아, 응……."

신기하게도 마사루는 오쿠보와 똑같은 표현을 사용했다. 마사루는 설문지를 팔랑팔랑 넘기다가 이따금 빨간 줄을 그었다. 시선은 설문지와 바닥을 오갔고, 때때로 초점을 잃은 것처럼 보이기도 했다. 몇 분 뒤, 마사루가 다시 마코를 응시했다.

"그래, 그랬군."

"근데, 설문조사의 이면이라는 게 뭐야?"

"고객의 진짜 생각이지. 설문지 이면에 있는 고객의 속마음."

마사루가 명쾌하게 답했다.

"고객의 마음속을 시뮬레이션하는 거야. 유체 이탈이라고 알지? 그런 느낌이야."

"나, 유체 이탈 같은 거 해본 적 없는데."

"당연하지. 그냥 비유야. 뭐라고 할까, 내가 그 고객이 됐다고 상상하는 거야. 문장의 이면에 있는 숨결이라든가, 머릿속의 의사결정 과정이라든가, 그런 걸 느껴보는 거야."

"그런 게 돼?"

"예를 들면 '콘센트가 많아서 노트북 쓰기 편하다'는 의견이 있잖아. 어디 있더라……."

마사루는 설문지를 팔랑팔랑 넘기더니 빨간 줄을 그은 문장을 마코에게 보여줬다.

"이 글씨체를 보면 남자라는 걸 알 수 있어. 그렇다면 아마도 영업사원일 거야. 노트북을 쓴다는 걸 보면 혼자 방문했을 테고. 자료를 만든다거나 뭔가 생각할 거리가 있었겠지. 시끄러운 점심시간은 피했을 테고, 아마 늦은 점심이나 차를 마셨을 거야. 그런데 식사하면서 노트북을 펼쳐놓기는 불편했을 테니까 차를 마셨겠지. 어때, 그 장면이 딱 떠오르지 않아? 설문지를 보면서 그런 상상을 하는 거야. 물론 그게 100퍼센트 맞는다는 보장은 할 수 없지만, 꽤 잘 들어맞거든."

"대단하다! 듣고 보니 진짜 그런 것 같아. 어떻게 아는 거야?"

"그, 러, 니, 까, 처음 만났을 때 내가 뭐랬어. 적어두라니까, 메모!"

"아, 미안."

마코는 허둥지둥 노트를 꺼냈다.

"마코, 설문조사를 한 건 잘한 일이야. 그런데 그 자리에 있었어?"

"아, 아니. 매장 직원한테 맡겼는데."

"직접 해야지, 직접! 너 그 가게에 가 있었던 시간을 다 합치면 지금까지 얼마나 돼?"

"음, 몇 시간이 다인 것 같은데……. 몇 번 식사하러 간 게 다니까."

"너 진짜 할 마음이 있긴 한 거야?"

마사루가 성난 목소리로 말했다.

"이, 있지! 그러니까 울면서 설문지를……."

"하."

마사루는 가볍게 한숨을 쉬었다.

"있잖아, 마케팅이 어디에서 일어나지?"

"음, 처음에 알려줬잖아, 고객이 가게를 고르는 순간 고객의 마음속에서……."

"그리고?"

마코는 잠시 생각했다.

"아, 매장 안에서. 계속 매장에 있는 게 나았겠다."

"맞아. 설문조사라는 수단은 나쁘지 않았어. 다만, 제일 좋은 건 현장에서 관찰하는 거야. 어떤 사람이 오고, 어떤 메뉴를 먹고, 어떤 대화를 나누는지, 어떤 표정으로 가게를 나가는지 말이야."

마코는 다시금 자신의 생각이 짧았다는 사실에 부끄러웠다.

"마코가 점장이라고 가정해봐. 맨날 본사 책상 앞에 앉아서 코빼기도 안 비치던 녀석이 느닷없이 찾아와서는 설문조사를 하겠다고 하면 무슨 생각이 들겠어? 매장 직원들 일만 늘어나잖아. 내가 점장이었으면 '설문조사 하기 전에 현장에 와보기나 하라'고 비꼬고 싶었을 것 같아."

"진짜네, 계속 매장에 있었으면 그런 건 충분히 알 수 있었겠네. 그래, 현장을 직접 보지 않은 게 실수였어."

"맞아. 아까 어떻게 알았냐고 마코가 물었는데, 나는 늘 '관찰'하거든. 오후 2시쯤 들른 카페에서 영업사원처럼 보이는 남자가 노트북과 눈싸움하고 있는 모습, 그 남자가 황급히 콘센트를 찾는 모습 같은 걸 말이야. 그런 건 레스토랑에서 식사할 때 조금만 주의 깊게 관찰하면 쉽게 볼 수 있는 풍경이야. 마케팅은 회의실에서 일어나는 게 아니란 말이야! 몇 번을 말해야 머릿속에 새겨질까."

그렇구나, 기요카와가 화를 낸 이유도 이 때문이었나. 분명 이전 담당자도 똑같이 했을 것이다. 본사 기획실에 있다가 불쑥 찾아와서는 이래라저래라 일감만 던져놓고는 돌아갔겠지. 자기 손은 더럽히지 않고 결과 보고만 요구했겠지.

마코는 골똘히 생각에 잠겨 있었지만, 마사루는 개의치 않고 피자 두 조각을 겹쳐 계속 입에 집어넣었다.

"적어두래도!"

마사루가 말하자, 마코는 서둘러 지금 떠오른 생각을 노트에 적었다.

"마사루 선배는 내가 '보지 못하는 것'을 볼 줄 아나 봐."

"좀 달라. 눈앞에 있는 것의 '의미'를 생각하는 거야. '해석하는 방식'이 중요한 거지. 자, 이제 드디어 오늘의 진짜 과제. 이 설문조사를 보니까 어떻게 하면 좋겠어? 설마 노트북용 콘센트를 늘리겠다, 뭐 그런 건 아니지?"

속내를 간파당한 마코는 당황한 나머지 말문이 막혔다.

"역시, 마코 단순한 건 여전하네."

"단순 무식해서 미안하네!"

"뭐, 그게 마코의 장점이기도 하니까."

갑작스러운 칭찬에 마코는 살짝 얼굴이 붉어졌다.

"오늘 내가 이 레스토랑을 고른 이유는 알겠어?"

"음, 시끌벅적한 장소가 같이 밥 먹는 사람끼리 친밀감도 더 올라가고 편하니까?"

"틀린 얘기는 아니지만. 그 전에, 아까부터 나오는 음식을 보고 뭐 느낀 거 없어? 마음에 들어?"

"양도 많고, 느끼하기도 하고⋯⋯. 선배, 이런 것만 먹으니까 콜레스테롤 수치가 높은 거야."

마사루는 피식 웃고는, 말을 이었다.

"주변을 좀 둘러봐."

마코는 고개를 좌우로 돌리면서 매장을 쓱 둘러보았다.

"다 젊은 사람들이고 여럿이 왔네. 미팅이라도 하나? 좋겠다, 재밌겠네."

"너도 저기에 끼고 싶다, 그거야?"

"아, 그래! 젊은 사람들이 많이 오니까 양이 많은 거야! 느끼하기도 하고!"

그때 옆에서 환호성이 터졌다. 소리가 난 쪽을 보니 케이크에 붙인 푸른 불꽃이 순간적으로 크게 타올랐다가 사그라졌다.

"오, 뜨거워" 하는 여자의 들뜬 목소리가 들렸다. 생일 파티라도 하는 걸까.

"분위기가 엄청 떠들썩하네."

마코는 노트에 메모하면서 앞 장을 다시 들춰봤다.

"그래! 오모테산도 레스토랑에는 저런 이벤트가 없었어! 조용히 즐기려는 커플에게는 오히려 방해가 될 테니까."

"그래. 그렇다면 이 매장의 베네피트가 뭔 것 같아?"

"친구들과 즐겁고 신나게 놀 수 있는 분위기!"

마사루는 고개를 끄덕였다.

"그런 욕구는 누구에게 있을까?"

"젊은 남녀 그룹!"

마사루는 씩 웃으면서 다시 고개를 끄덕였다.

"그게 타깃이야. 이런 용어 정도는 들어봤지?"

"응, 목표로 삼은 고객 말이지?"

"맞아. 타깃을 정하기 위해서는 고객을 나눠야 해. 그걸 세그먼테이션이라고 하지."

"응, 오쿠보 실장님이 알려주셨어."

"그랬구나. 그럼 이야기가 빠르겠네. 이 매장에는 점잖은 어른은 오지 않아. 타깃이 아니니까 매장 입장에서는 포기하는 거야."

"그래서 메뉴를 젊은층에 맞춰서 양도 많고 느끼한 음식으로 준비하고, 단체 손님의 흥을 돋울 만한 화려한 이벤트를 하는구나. 음악도 요즘 유행하는 걸로 틀고 말이야."

마사루는 또다시 고개를 끄덕였다.

"그런데 마사루 선배, 양쪽 다 공략하는 게 좋지 않아?"

"그런 게 가능할까? 젊은 사람들이 오면 당연히 떠들썩해져. 조용히 식사하고 싶은 사람은 싫어하겠지. 음식도 젊은층을 대상으로 한 메뉴랑 중장년층을 대상으로 한 메뉴가 뒤섞여 있으면 어떨 것 같아?"

"혼란스러울 수도 있겠다."

"그거야. 심리학 용어로 '인지부조화Cognitive Dissonance'라고 해. 용어는 뭐 일단 그렇고, 고객이 혼란스러워한다는 거지. 동시에 양쪽을 노릴 수도 없고, 노려서도 안 돼."

"그 용어 멋지다. 다음에 써먹어야지."

"참아라, 풋내기가 전문용어를 들먹이다 창피한 일을 당할 수도 있으니까. 그건 그렇고, 그래서 이번 설문조사 결과는 뭐야?"

"어, 그게…… 나 설문지 100장을 마구잡이로 봤어. 성별, 나이 같은 걸 기준으로 나눠서 봐야 했는데."

"대충 생각해서 목표로 삼아야 할 타깃이 어느 쪽인 것 같아?"

"역시 20대 여성?"

"뭐, 그게 일반적인 세그먼트인데 위험한 경우도 있어. 봐봐, '20대 여성'으로 잡으면 스무 살 학생이랑 스물아홉 주부, 직장인이 하나로 묶이잖아. 그래도 괜찮을까?"

"스무 살 학생이라면 모임이나 술자리가 많을 테고, 스물아홉 직장 여성이라면 좀 더 차분한 분위기를 선호하겠네. 주부라면 밤에는 오기 힘들 것 같고……. 하나로 묶어서 생각하기는 좀 무리가 있겠는데."

"성별과 나이로 나누는 방법은 확실히 데이터도 모으기 쉽고 간편한데, 무턱대고 나눈다고 다가 아니거든. 핵심은 '오는 이유'야. 30대라도 떠들썩하게 즐기고 싶을 때는 여기에 오겠지. 20대도 차분하게 마시고 싶을 때는 오모테산도로 갈 거고."

"그렇구나. 역시 핵심은 베네피트였어. 이탈리안 레스토랑에 바라는 가치! 그래, 가치에 따라 나눠야 하는 거네. 그럼 이 주관식 항목을 분류하면 되겠다!"

"그래. 설문지 항목은 아주 잘 뽑았어. '다른 곳이 아닌 이 레스토랑을 찾는 이유', 이 질문은 참 잘 만들었어. 이거, 누가 생각한 거야?"

마코가 "오쿠보 실장님" 하고 대답하자 마사루는 감탄하면서 고개를 끄덕였다. 마코는 마사루 선배가 칭찬하다니 실은 오쿠보 실장님도 대단한 사람이 아닐까 하는 생각이 어렴풋이 들었다.

"다음에 만날 때까지 타깃을 확실히 정해봐. 대충대충 하다간 기한 못 맞춘다."

결전의 날까지 남은 시간은 앞으로 5주. 한 달이 조금 넘는 시간이다. 오쿠보의 태평한 모습을 떠올리니 리스토란테 이탈리아노의 운명이 오롯이 내 손에 달린 것 같아 마음이 무거웠다. 마사루의 도움은, 비록 엄격하기는 해도 지금의 마코에게는 가장 큰 힘이자 격려가 되었다.

CHAPTER 3

왜 꼭
이 상품이어야만
하는가
차별화

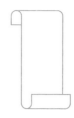

고객에게 업계의
장벽이란 없다

1장에서는 고객이 원하는 가치인 '베네피트'를, 2장에서는 고객마다 추구하는 베네피트가 다르므로 '세그먼테이션'으로 고객을 나누어서 '타깃'을 정해야 한다고 설명했다. 이로써 타깃으로정한 고객이 원하는 베네피트를 제공하기 위한 기초를 다진 셈이다. 하지만 이것만으로 당신의 상품이 잘 팔린다는 보장은 없다. 왜냐하면 경쟁자도 당신과 마찬가지로 고객이 원하는 베네피트를 제공하고 있기 때문이다.

만일 경쟁자가 없다면 고객의 선택지는 당신의 상품밖에 없으니 군이 차별화하지 않아도 된다. 내가 만든 상품이 고객에게 가치를 제공한다면 그것만으로도 충분히 팔리기 때문이다. 그러나 실제로는 '차별화'가 필요하다.

뜬금없지만, 당신은 '맥도날드'의 시장점유율이 얼마나 될 거라고 생각하는가?

아마 당신의 머릿속에는 수십 퍼센트라는 숫자가 떠올랐을 것이다. 사실 햄버거 시장에서 맥도날드의 시장점유율은 한때 70.1퍼센트로 압도적이었다(2005년 기준). 그러나 이것은 어디까지나 '햄버거 시장'에서의 점유율이다. 맥도날드의 경쟁사가 과연 모스버거, 롯데리아, 프레쉬니스버거 같은 햄버거 체인뿐일까? 실제로는 그렇지 않다. 패스트푸드로는 소고기덮밥집이나 서서 먹는 메밀국수집 등과 경쟁하고, 대화를 나누며 먹을 수 있는 장소로는 체인 카페 등과 경쟁한다. 또 포장 음식으로는 편의점이나 도시락집과 경쟁한다. 맥도날드가 햄버거 회사하고만 경쟁하는 것이 아니란 얘기다.

이것은 당신이 '맥도날드에 가는 상황'을 상상해보면 쉽게 이해할 수 있다. 간단히 끼니를 때우고 싶은데 맥도날드와 요시노야 중에서 어디로 갈지 고민할 때도 있을 것이고, 아이랑 같이 가려는데 맥도날드와 패밀리레스토랑 중 어디가 좋을지 따져볼 때도 있을 것이다.

판매자는 동종업계의 경쟁자를 의식하지만, 고객은 굳이 햄버거 업계만 고집하지 않는다. 자신의 욕구를 채워줄 수 있다면 업계의 장벽 따위는 아무런 문제가 되지 않는다.

고객이 추구하는 가치가 그렇게 다양하지 않던 시절, 그러니까 모든 사람들이 필수 가전 3종 세트라고 불린 '세탁기, 냉장고, TV'만 바라보고 있던 시절에는 '세탁기 업계', '냉장고 업계', 'TV 업계'라는 고정된 산업 안에서 각각 경쟁을 벌였다.

하지만 오늘날은 상황이 다르다. 물건이 넘쳐나고, 다들 웬만한 필수품은 갖추고 사는 현대사회에서는 경쟁이 산업의 장벽을 뛰어넘어서 일어난다. 직장인이 보너스로 받은 돈을 어디에 쓸지 고민할 때는 'TV'와 '투자신탁', '자동차 구매 계약금'이 경쟁한다. 그리고 맥도날드는 요시노야, 세븐일레븐, 도토루 등과 동시에 경쟁한다. 그렇다면 '시장점유율 70.1퍼센트'라는 숫자의 근거가 되는 '햄버거 시장'이라는 전제 자체가 처음부터 적절치 못했다는 것을 알 수 있을 것이다.

현재는 담합 같은 특수한 경우를 제외하면, 모든 비즈니스와 상품, 서비스에 경쟁이 존재하고 '고객이 원하는 가치'를 제공하기 위해 서로 싸운다. 비슷한 상품을 파는 곳이 여럿 있다면 고객은 일반적으로 저렴한 쪽을 선택한다. 차별화되지 않은, 혹은 차별화하기 어려운 업계에서 가격 경쟁이 벌어지기 쉬운 이유다. 예컨대, 이동통신 업계에서는 한때 국제전화 통화료를 둘러싸고 가격 경쟁이 벌어졌고, 인터넷 업계에서는 초고속 통신망 서비스를 두고 가격 경쟁이 치열했다. 전화 통화나 인터넷 접속 시 제공되는 상품의 품질 차이를 알기 어렵기 때문에 가격이 차별화 요소가 되고 만 것이다.

가격 경쟁은 구매자에게는 희소식이지만, 판매자를 제 살 깎아 먹기의 길로 인도한다. 임금 삭감, 장시간 노동, 중국으로의 생산시설 이전 등 직원들에게는 달갑지 않은 일이 일어난다. 나는 구매자와 판매자가 모두 행복해야 한다고 생각한다. 그렇지 못하면 그 관계는 오래가지 못한다. 그러므로 가격 이외의 요소로 차별화하는 것이 바람직하다.

경쟁자보다
더 큰 가치를 제공할 것

마케팅이란 고객이 원하는 가치를 제공하고 대가를 받는 일이다. 그러나 시장에는 경쟁자가 존재하므로, 상품을 팔기 위해서는 고객이 경쟁자가 아닌 당신의 상품을 선택하게 만들어야 한다. 이때 필요한 것이 '차별화'다.

차별화란 글자 그대로 '다르게 만드는 것'인데, 그냥 다르게만 한다고 되는 것은 아니다. 당연한 말이지만, 그 차이점이 경쟁사 상품보다 못하다면 의미가 없다. 그것이 차별화의 본질이다. '경쟁사보다 더 큰 가치'를 고객에게 제공하는 것, 다시 말해 '제공하는 가치의 차이'가 차별화인 셈이다. 경쟁사보다 빠르고 싸고 맛있고, 경쟁사에겐 없는 노하우로 '고객에게 더 큰 가치'를 제공한다면, 고객은 경쟁사가 아닌 당신을 선택할 것이다.

당신은 외식을 할 때 어떤 기준이나 마음으로 가게를 고르는

가? 머리에 떠오르는 대로 열거해보자. 아마 다음과 같을 것이다.

외식할 때의 마음(원하는 가치)

◎ 바쁘니까 빨리 식사를 해결하고 싶다 ◎ 월급 받기 전이니까 싼 곳에서 먹어야지 ◎ 비가 오니까 가까운 곳에서 먹어야겠다 ◎ 최근에 오픈해 잡지에서 화제가 된 가게에 가보자 ◎ 친구와 만나니까 조용하고 편안한 곳으로 가볼까 ◎ 드디어 일이 끝났다! 고생한 나에게 주는 신물로 맛있는 걸 먹을 거야 ◎ 오늘은 내 취향을 잘 아는 그 가게로 ◎ 친한 사장님네 가게로 가볼까

이때 드는 '마음'이 고객이 원하는 가치다. 마음에 드는 사람과 둘이서 갈 때는 분위기 좋고 맛있는 곳을 찾아갈 것이다. 그때는 '그 사람과의 소중한 시간을 즐긴다'는 베네피트를 원한다. '가치'나 '베네피트'라는 말을 쓰면 어렵게 들릴지도 모르지만, 핵심은 어떤 마음으로 어떻게 선택하는가다. 즉, 우리가 일상생활에서 자연스럽게 하는 행동이다.

이 같은 '고객이 원하는 가치'는 크게 세 가지로 나눌 수 있으며, 각각의 가치에 맞춘 차별화 전략이 있다. 이 분류법은 경영 컨설턴트인 마이클 트레이시Michael Treacy와 프레드 위어시마 Fred Wiersema가 제창한 '기업이 고객에게 제공하는 가치의 세 가지 분류'를 내가 재해석한 것이다. 원래의 내용과는 다소 차이가

있지만, 그 점에 관해서는 내가 책임을 지겠다.

세 가지
차별화 전략이란?

첫 번째 차별화 전략은 '간편 축'이다. 말 그대로 '간편하게 해결할 수 있는' 베네피트를 원하는 고객을 겨냥한 차별화 전략이다. 간편하다는 건 결국 싸고 빠르고 편리한 것으로 귀결된다. 저녁 메뉴를 정하는 마음에서 말하면 '싸고, 빠르고, 근처에서 간편하게' 때우고 싶은 경우다. 간편한 만큼 품질은 최고가 아니지만 그럭저럭 만족한다. '싸고 빠르고 적당히 맛도 있는' 패스트푸드가 바로 이 베네피트를 제공한다.

두 번째 차별화 전략은 '상품 축'이다. 이것은 말 그대로 '좋은 상품과 서비스'로 차별화하는 것으로, '어쨌든 좋은 것'을 추구하는 고객을 겨냥한 전략이다. 저녁 메뉴를 정하는 마음으로 말하면 '우아하게 맛있는 음식'을, '서비스가 훌륭하고 분위기 좋은 곳에서' 먹고 싶은 경우다. 고급 프렌치 레스토랑 등이 이 전략을 취한다. 고급 재료를 사용한 데다 인테리어에도 공을 들인 만큼 당연히 값이 싸지도 빠르지도 않다. 그러나 맛은 있다.

세 번째 차별화 전략은 '밀착 축'이다. 말 그대로 고객에게 '밀착'해 차별화한다. 저녁 메뉴를 정하는 마음으로 말하면 바로

'단골집'을 찾을 때다. 별말 안 해도 내 입맛에 딱 맞게 간을 조절해주는 술집이나 내 취향을 알고 초밥을 만들어주는 초밥집 등이다. 싸거나 빠르지도 않고 최고로 맛있는 집도 아니지만 손님이 무엇을 좋아하는지 알아준다.

노트북을 예로 들어서 생각해보자. 싸고 품질 좋은 노트북을 택배로 편리하게 제공하는 델Dell은 '간편 축'의 대표주자다. 그리고 고사양 슬림형 노트북 등 최신기술을 아낌없이 투입한 제품을 가장 먼저 제공하는 애플이나 소니는 '상품 축'의 대표주자다. '레츠라'*라고도 부르는 열광적인 팬들의 니즈를 충족시킨 '밀착 축' 제품을 만드는 곳은 파나소닉이다.

이번에는 정장 가게에 대입해보자. 정장 한 벌 가격을 1만 엔대와 2만 엔대 두 가지로만 책정해 저렴하게 제공하는 '투 프라이스 수트' 등 싼값을 내세워 대대적으로 매장을 늘리는 체인점은 '간편 축'이다. 이탈리아산 원단과 봉제 기법을 이용해 뛰어난 디자인과 품질로 승부하는 전문점은 '상품 축'이고, 고객의 기호를 파악해뒀다가 취향에 맞는 정장이 들어오면 DM을 보내 좋은 관계를 구축하는 매장은 '밀착 축'이다.

한편 어떤 업계에 세 가지 차별화 축 중에서 어느 한 축이 비어 있다면, 그것은 신규 진입 기회라고 할 수 있다. 예를 들어 화

●   레츠노트Let's note를 애용하는 열성 마니아들을 부르는 말

로구이 체인점인 규카쿠牛角가 그렇다. 그전까지는 '가볍게 먹을 수 있고 맛도 꽤 괜찮은' 간편 축을 택한 화로구이집을 찾아보기 어려웠다. 규카쿠는 그 부분에 특화한 체인점을 만들어 단숨에 시장을 파고들어 성공했다.

✦ 세 가지 차별화 전략

간편 축	◎ 빠르다 - 바쁘니까 빨리 한 끼를 때우고 싶다 ◎ 싸다 - 월급 받기 전이니까 싼 곳에서 먹어야지 ◎ 편리하다 - 비가 오니까 가까운 곳에서
상품 축	◎ 최신기술 - 최근에 오픈해 잡지에서 화제가 된 가게에 가보자 ◎ 최고품질 - 친구와 만나니까 조용하고 편안한 곳으로 가볼까
밀착 축	◎ 고객을 잘 안다 - 오늘은 내 취향을 잘 아는 그 가게로, 친한 사장님네 가게로 가볼까

차별화 축은 반드시
어느 하나로 좁혀라

이 세 가지 차별화 축 중에서 어떤 전략을 선택할지 결정하는 데는 매우 큰 결단력이 필요하다. 왜냐하면 축의 선택에 따라 많은 경영 요소가 결정되기 때문이다.

간편함을 전략으로 선택하면, 낮은 가격으로 상품을 제공해야 하므로 효율성이 중요해지고, 필연적으로 규모의 경제가 효과를 발휘하는 대량생산을 지향하게 된다. 맥도날드나 패밀리 레스토랑 등이 그 전형적인 예로, 체인화해서 박리다매하는 비즈니스 모델을 취하는 경우가 많다. 조직도 효율이 높은 중앙집권형이 된다.

상품을 전략으로 선택하면, 예컨대 제조회사의 경우 획기적인 상품을 개발하는 엔지니어나 직원이 중요해진다. 그리고 조직의 창의성을 높이기 위해 자유로운 분위기를 중시하는데(이는 효율성과 서로 상반된다), 이러한 핵심 인원을 대량으로 교육하기는 어려우므로 소수정예형 조직이 된다.

같은 제조회사라도 밀착을 전략으로 선택하면, 고객과 관계를 형성하고 고객의 의견에 귀 기울여야 한다. 이때 사내 분위기는 엔지니어의 의견보다 고객의 의견을 중시하기 때문에 엔지니어가 만들고 싶은 상품이 아니라, 고객이 원하는 상품을 만드는 쪽으로 흐른다. 따라서 고객과 직접 만나는 영업사원이 가장 우수한 실력을 갖춰야 한다.

이처럼 어떤 차별화 전략을 택하느냐는 마케팅은 물론 인사와 조직 등 경영 전반에 영향을 미치는 아주 중요한 선택이다. 한 회사에서 이 세 가지 차별화 전략을 전부 실행하는 것은 불가능에 가깝다. 적어도 세 가지 축에서 모두 장기적으로 우위를 점하기는 매우 어렵다. 단순히 생각해도 대량생산과 체인화를 지향하는 간편 축과 할 수 있는 모든 것을 쏟아붓는 상품 축은 인력이나 조직, 매입, 고객 등에서 양립하지 못할 것이다. 또한 어지간한 대기업이라도 인력과 돈, 물자와 같은 경영자원은 모두 유한하다. 중소기업이라면 더 말할 것도 없이 인력, 돈, 물자가 귀중하므로 허투루 쓸 수 없다. 따라서 차별화 축을 좁힌 뒤 어떤 한 축에서 반드시 우위를 점하도록 해야 한다. 그래서 차별화를 꾀할 때는 하나로 좁힌다.

가장 최악의 경우는 세 가지 모두 어정쩡해서 '무난함의 덫'에 빠지는 것이다. 특징이나 장점이 없는 가게는 아무도 선택하지 않는다. 가까운 예로 연예인이 그러한데, 개성 없이 무난하기만 한 사람은 설사 미남미녀라 해도 살아남기가 어렵다. 다양한 의미에서 특징이 뚜렷한 사람, 말하자면 '캐릭터가 있는 사람'이 살아남는다.

회사도 두드러진 개성이 중요하며, 그것이 차별화의 핵심이 된다. 물론 그 두드러진 개성이 고객의 관점에서 가치가 클 때만 선택받을 수 있다.

여기서 잊지 말아야 할 점은 어떤 한 축에서 특화했다 해도 다른 축에서도 평균 이상의 가치를 제공해야 한다는 것이다. 아무리 값이 싸고 빠르다 해도(간편 축) 맛이 엉망인(상품 축) 라면집에는 아무도 가지 않을 것이다. 아무리 맛있어도(상품 축) 직원의 태도가 불량한(밀착 축) 가게에는 가고 싶지 않을 것이다. 그러므로 어떤 축에서든 기본적으로 평균 이상의 가치를 제공해야 하며, 그 위에서 한두 가지 축으로 차별화해야 한다.

타깃과 차별화 축은
함께 움직인다

모든 차별화 전략을 한꺼번에 실행할 수 없듯이 모든 고객을 타깃으로 삼아 전부 공략하는 것도 불가능하다. 자원이 유한한 탓도 있지만 한 세그먼트에서 팔린다고 다른 세그먼트에서도 팔리는 게 아니기 때문이다.

90년대 후반, 시부야는 10대 청소년들로 넘쳐났다. 그러자 성인 고객들은 오모테산도나 아오야마로 빠져나갔고, 시부야 일대는 고객 한 사람당 구매하는 금액이 일제히 하락했다고 한다. 대체로 어른들은 차분한 분위기의 거리를 좋아하고, 청소년은 활기찬 거리를 좋아한다. 양쪽의 가치를 동시에 만족시킬 수는 없기 때문에, 목표 고객의 범위를 좁혀야 한다.

그렇다면 어떻게 좁혀야 할까. 그 기준 가운데 하나가 '자사의 강점을 살릴 수 있는 고객인가'이다. 마찬가지로 자신이 선택한 차별화 축으로도 타깃을 좁힐 수 있다. 간편 축을 선택한 순간 '싸고 빠르고 편리함'을 선호하는 고객이 타깃이 된다. 밀착 축을 선택한 순간 '나를 잘 알고 이해해주고 민감한 요구도 잘 들어주기를 바라는' 고객이 타깃이 된다.

바꿔 말하면, 차별화 축을 선택할 때는 고객이 원하는 가치를 고려해서 선택해야 한다는 뜻이다. 마케팅의 각 요소는 단독으로 존재하는 것이 아니라 모두 연결되어 함께 움직인다는 사실을 기억하자.

CHAPTER 3 핵심 정리

- ✧ 경쟁자에게 없는 가치, 더 큰 가치를 제공해서 나를 선택하게
  만드는 것이 차별화다.
- ✧ 차별화 방법은 '간편 축', '상품 축', '밀착 축' 세 가지다.
- ✧ 간편 축에서는 평균치 이상의 품질을 갖춘 상품을 싸고 편리하
  게 제공한다.
- ✧ 상품 축에서는 최고 품질의 제품과 서비스를 내세운다.
- ✧ 밀착 축에서는 고객에게 밀착해서 철저하게 고객의 요구에 부
  응한다.

마사루와 만난 다음 날, 사무실에 출근한 마코는 한창 뭔가에 집중하고 있는 오쿠보를 보았다. 아침 댓바람부터 대체 뭘 하는 걸까? 마코는 의아했다. 오쿠보 자리로 다가가니 오쿠보가 황급히 뭔가를 감췄다. 이직 준비라도 하는 걸까.

"와, 왔어요?"

"네, 안녕하시와요."

마코가 말했다.

"말투가 왜 그래요. 하하, 무슨 일 있어요? 기획서는 잘돼가고요?"

"그럭저럭예."

마코가 묘한 간사이 사투리로 대꾸하자 오쿠보가 쓴웃음을 지었다.

"실장님, 앞으로 이삼일 동안 쭉 매장에 있어도 될까요? 현장을 충분히 느껴보고 싶어서요."

오쿠보라면 흔쾌히 허락해줄 게 자명했지만, 일단은 허가를 구했다.

"허, 그거 기특한 생각인데? 몇 번이나 말했지만 우레타마 씨는 자기 나름대로 자유롭게 기획안을 만들면 돼요."

"네. 그렇게 말씀하실 줄 알았어요. 그럼 지금 곧 가보겠습니다!"

영업 시작 전의 리스토란테 이탈리아노는 분위기가 착 가라앉아 있었다. 문 닫기 일보 직전의 회사에서나 볼 수 있는 전형적인 기운 빠진 모습이다. 안으로 들어서던 마코는 기요카와와 눈이 마주쳤다.

"오늘은 또 뭐 하러 왔어?"

기요카와가 차갑게 내뱉었다.

"요전에 현장도 모르는 주제에, 라고 점장 대리님이 말씀하셔서 현장을 살피러 왔습니다." 마코는 신경 쓰지 않는다는 듯 명랑하게 대답하고는 매장 안으로 성큼성큼 걸어 들어가 제일 안쪽 자리에 진을 쳤다. 마코가 시비조를 가볍게 받아넘기자 전투

력을 상실한 기요카와는 "흠, 방해하지 말고"라는 말만 남기고 주방으로 저벅저벅 들어갔다. 노조미가 걱정스러운 눈빛으로 마코를 바라봤다. 마코는 메모지와 설문지, 노트북을 번갈아 보면서 뭔가를 쓰기 시작했는데, 이따금씩 허공을 쳐다보기도 하다가 다시 뭔가를 쓰는 행동을 되풀이했다.

평일 이틀과 일요일, 마코는 이렇게 사흘 내내 손님인 척하며 자리에 앉아, 다른 손님이 눈치채지 않도록 매장을 관찰하고 메모를 하고 사진을 찍었다. 손님이 적은 오후에는 홀에서 노조미와 이것저것 이야기를 나누었다. 직접 말은 하지 않았지만 기요카와는 그런 마코의 모습을 못마땅한 듯 쳐다봤다.

월요일 밤, 마사루와 마코는 리스토란테 이탈리아노에서 만났다.

"여기가 리스토란테 이탈리아노, 마코가 운명의 열쇠를 쥔 가게인가."

그런데 마사루는 레스토랑에서 썰렁한 느낌을 받았다. 월요일이니 어쩔 수 없는 부분이 있다고는 해도 이 정도면 매출액이 심각하리라는 걸 대번에 알 수 있었다. 두 사람이 자리에 앉자, 우에하라 노조미가 인사를 하러 왔다. 마코는 노조미에게 마사루를 소개했다.

"어? 우레타 마사루 씨라면 그 메일 매거진 발행하는 우레타 씨 맞나요?!”

“노조미, 마사루 선배를 알아?”

“나 그 메일 매거진 팬이야. 만나서 영광이에요.”

마사루는 그 말에 내심 싫지만은 않은 표정을 지었다. 만 명 단위의 독자에게 메일 매거진을 발행하면 실제로 이런 일도 일어난다. 노조미가 자리를 뜨자 마사루가 물었다.

“노조미 씨는 어때?”

“응? 뭐야, 그새 빠진 거야? 지혜롭고 예쁘고 너무 좋지. 노조미도 남자친구 없긴 할걸?”

“그걸 물은 게 아니거든. 아니, 노조미 씨 쾌활한 데다 머리도 좋은 것 같고 꽤 괜찮은 인재 같아서. 마코랑 친해 보이기도 하고.”

“아, 그 얘기구나. 응, 센스도 있고 밝고 괜찮은 사람이지. 젊은 나이에 홀 관리를 맡은 것만 봐도 알 수 있잖아.”

“나중에 노조미 씨도 같이 회의하자고 하자. 마코에게도 힘이 되겠는걸.”

“그렇게까지……?”

“저기 말이야, 이 가게에서 손님을 제일 잘 아는 사람이 누구겠어?”

마코는 잠시 생각하다가 말했다.

“아, 그거구나. 뭐야, 처음부터 노조미한테 이것저것 물어보면 좋았을걸."

　손님이 드나들긴 했지만 뜨문뜨문 왔기 때문에 노조미도 회의에 합류했다. 마사루는 여느 때처럼 물을, 노조미는 아직 일하는 중이니 주스를, 그리고 마코는 와인을 주문했다. 마코는 사흘 동안 쭉 관찰한 가게의 풍경을 마사루에게 이야기했다.
　"노조미 씨, 손님이 가게에서 나갈 때 어떤 표정이 많았어요?"
　마사루의 질문에 노조미가 대답했다.
　"밝은 표정으로 나가는 분들이 눈에 띄었어요. 특히 이 매장은 오후에 볕도 잘 들고, 화초도 많아서 기분이 상쾌해지지 않았을까 싶어요."
　"선배, 설문지에도 그런 답변이 있었어. '활기차지는 것 같다', '에너지를 얻었다' 등."
　마코가 덧붙이더니 뭔가 생각이 난 듯 노트를 꺼내 적기 시작했다. 마사루는 만족스러운 듯 그 모습을 바라보았다.
　"이 가게의 추천 메뉴는 뭐예요?"
　마사루가 불쑥 노조미에게 물었다.
　"음, 다 맛있긴 한데……."
　"딱 이거다 싶은 건 없다?"
　"네, 딱히……."
　그 대답에 마사루의 눈썹이 움찔했다.

"그렇군, 그럼 알아서 적당히 주문해주세요. 그리고 마코, 타깃은 어떻게 할 거지?"

마사루가 묻자 마코가 종이 한 장을 꺼냈다.

〈 타깃 〉

◎ 점심 / 20대 후반 여성을 중심으로 한 직장인

◎ 오후 / 주부, 생활이 여유로운 중년 여성

◎ 저녁 / 20대 후반 여성을 중심으로 한 직장인 단체

마코가 설명하기 시작했다.

"실제로 매장을 찾는 건 주로 이런 사람들이었어. 매장을 지키면서 손님들 대화를 엿들어보니 20대 후반 직장인 여성들이 여러모로 고민이 많은 것 같더라고. 일이나 상사에 대한 불만 같은 거. 어느 날은 20대 후반으로 보이는 직장인 여성 둘이 와서 이런 얘기를 하더라고. '와인 마시면서 너한테 다 털어놓으니까 뭔가 마음이 후련해졌어. 고마워. 내일부터 다시 힘낼 수 있을 것 같아' 그 순간 이거다 싶었지."

마사루가 왼손 엄지와 검지로 작은 동그라미를 만들어 보이며 싱긋 웃었다. 마코는 처음 보는 마사루의 행동이었다. OK 사인일까?

"그거면 돼. 힌트는 현장에 있다! 어떤 프로야구 감독이 '돈은

그라운드에 떨어져 있다'고 했다는데, 그걸 내 방식으로 바꾸면 '돈은 현장에 떨어져 있다'라고나 할까."

마코는 처음으로 마사루에게 칭찬을 듣자 살짝 쑥스럽기도 하고 기쁘기도 한 듯 미소를 지었다.

"단체 손님을 타깃으로 잡은 것도 좋아. 혼자 오는 손님도 물론 감사하지만, 특히 밤에는 아무래도 여럿이 와주는 게 좋겠지. 그래서 밤에만 단체로 잡은 거 맞지?"

마코가 고개를 끄덕였다.

"그런데 여기는 도요코선 근처야. 멀리서 일부러 찾아올 법한 광역 상권이 아니지. 타깃을 너무 좁히면, 그건 그것대로 곤란해져. 남성들도 좋아하는 가게가 돼야 해."

"하지만 선배가 타깃을 좁히라고……."

"응. 여성으로 좁히는 건 좋아. 그런데 예를 들어 직장 동료인 남녀가 점심을 먹으러 가는 일도 흔하잖아. 꼭 남자친구, 여자친구가 아니라도 말이야."

마코와 노조미가 고개를 끄덕이자 마사루가 설명을 이었다.

"그럴 때 여자가 저 가게에 가보자고 제안하는데 남자가 '싫다'고 말하면 좀 곤란할 거야."

"그렇구나. 그 부분은 좀 어렵네."

마코가 급히 메모했다. 노조미가 뭔가 깨달은 듯 말했다.

"그렇군요. 누가, 왜, '저 가게에 가보자'라는 말을 꺼내고, 누가 결정하느냐 하는 게 핵심인 거군요."

노조미의 말에 마사루는 파스타를 집으려던 포크를 멈추고 고개를 들었다.

"노조미 씨, 대단하네. 역시 내 메일 매거진 독자답네요. 맞아요, 그거죠. 마케팅 이론이란 건 그렇게 복잡하지 않아요. 손님이 '가게를 고르는' 프로세스를 따라가는 거예요. 그게 고객의 마음속에서 일어나고 있는 일이니까."

"확실히 회사 회식 같은 경우에도 예약 문의는 대개 여자가 많이 하더라고요. 단체의 조정자 역할은 여자가 많이 맡는 것 같네요."

노조미가 답했다. 이것은 현장에서 나온 귀중한 정보였다.

"그래, 그래서 20대 후반 여성인 거야. 마코, 잘 잡아냈네."

"아, 뒷걸음치다 쥐를 잡은 격이라고나 할까……."

"하하, 아무렴 어때. 그런데 이 오후 시간대의 '주부나 생활이 여유로운 중년 여성'은 뭐야?"

"평일이든 휴일이든 주부 손님들이 방문하는 경우가 많았어. 그래서 회전율을 높이기 위해……."

마코가 대답했다.

"확실히 이 근처에는 부유한 주부층이 많은 것 같은데, 노조미 씨, 실제로 그래요?"

갑자기 이름이 불린 노조미가 놀라서 대답했다.

"그, 그러네요. 이 시간대는 가게 안이 햇살이 잘 드는 카페 같은 느낌이에요. 다만 아시다시피 손님이 별로 오지 않아서……."

"안타깝네요. 볕이 잘 든다는 강점을 충분히 살리지 못하는 건 확실히 문제예요. 오늘은 그 얘기를 해보죠. 차별화라는 단어는 알고 있죠? 왜 이 가게로 손님이 온다고 생각해요?"

마코가 대답했다.

"즐거운 시간을 보내기 위해서?"

"그래. 그게 이 매장이 제공하는 가치, 다시 말해 베네피트야. 그런데 이 근처에 이탈리안 식당은 널렸잖아. 프랑스나 태국 요리점도 있고. 이 격전지 중에서 '이 매장'에 와야만 하는 이유는 뭘까?"

마코는 고민했다. 그래, 즐거운 시간은 이자카야에서도 보낼 수 있어. 오히려 마음껏 떠들 수 있는 건 그쪽일 거야. 하물며 '맛있는 음식'은 어느 가게나 다 제공할 수 있어. 이 매장은 맛은 있지만, 다른 매장과 비교했을 때 압도적인 건 또 아니야. 마코와 노조미가 서로 마주 보았다.

"딱히 없는 것 같네."

두 사람이 동시에 말했다.

두 사람은 마주 보고 웃었지만, 그 웃음은 금세 사그라들었다.

"그래, 그래서였어……."

노조미가 어깨를 떨구며 말했다.

"없진 않을 거예요. 다만 이 가게가 의식하지 못하고 있다는 건 확실하고. 마코, 얼마 전에 일주일 동안 이탈리안 레스토랑 열 군데를 돌아봤잖아, 잘되는 가게의 특징을 한번 말해봐."

"응? 가게마다 특징이 다 다르던데."

"그럼 가게별로 말해봐."

"일단 엄청 맛있는 집이 있었는데, 이런 맛이라면 비싸도 또 오고 싶다고 생각했어. 그다음은 홀 직원의 응대가 아주 좋았던 집이었는데, 절묘한 타이밍에 음식을 내왔고 아주 친절하게 와인을 소개해줬어. 비싼 걸 과하게 추천하지도 않고, 취향을 잘 끄집어내주더라고."

"그렇군. 맛있는 집과 응대가 좋은 집."

마사루는 냅킨에 '상품 축'과 '밀착 축'이라고 적었다.

"그게 다야?"

"으음……. 얼마 전에 갔던 곳 중에서는 그것뿐인데."

"노조미 씨가 자주 가는 이탈리안 레스토랑은요?"

"음, 괜찮은 레스토랑이라고 하면 지금 마코가 말한 것 같은 곳인데, 저는 체인점도 가거든요. 싸고 가깝고 편리한 곳."

마사루는 크게 고개를 끄덕이고는 냅킨에 '간편 축'을 추가로 적었다. 그러자 노조미가 얼른 일어나 안쪽에서 메모지를 들고와 마사루에게 건넸다.

"고마워요. 차별화 포인트라는 게 사실 이 세 가지가 다야. 지금 노조미 씨처럼 센스 있게 응대하는 직원이 큰 매력으로 작용하는 게 '밀착 축'이야. 마코가 말한 와인 추천이 탁월한 집도 '밀착 축'이고. 나에게 착 붙어서 취향을 찾아주는 거지."

마코와 노조미는 진지하게 듣고 있었다.

"그리고 맛으로 승부하는 게 '상품 축'이야. 마코, 맛있는 집은 인테리어도 고급스럽지 않았어?"

마코가 고개를 끄덕였다.

"'상품 축'에 있는 가게는 맛은 물론 분위기와 인테리어까지 포함한 모든 면에서 최고 품질을 제공하거든. 그리고 '간편 축'은 체인점이 전형적이지. 보통 역 근처에 있어서 교통이 편리하고 값이 저렴하니까 손님이 많이 찾아오지. 다시 말해 핵심 키워드는 '빠르고, 싸고, 편리하다'야."

노조미는 감탄하며 듣고 있었다. 벌써 이탈리안 레스토랑에서만 세 번째 일하는 터라 장사가 잘되는 비결쯤은 이미 알고 있다고 생각했는데, 이렇게나 깔끔하게 머릿속에 정리된 적은 처음이었다.

"우린 다 제각각이네……."

마코가 중얼거렸다.

"그러게. 좋은 재료에 화려한 메뉴를 갖춘 반면 우리는 고객에게 친숙하게, 격의 없이 다가가니까 고급스럽다는 느낌이 없어. 게다가 손님이 적어서 할인 쿠폰을 뿌린 탓에 저렴한 레스토랑처럼 되어버렸어."

노조미가 혼잣말하듯 말했다.

마사루도 확실히 맛이 없는 건 아니라고 생각했다. 하지만 전부 다른 곳에도 있을 법한 메뉴들이라 특징이 없었다.

"하나하나 따지면 나쁘지는 않아. 문제는 일관성이지. 화려한 메뉴를 낼 거면 인테리어가 이렇게 밝을 게 아니라 차분한 느낌이어야 해. 손님 응대도 너무 허물없이 친근하게만 다가가면 안 되고."

마코는 마사루의 이 접근 방법으로 실마리를 찾은 것 같았다. 지금까지 어지럽게 흩어져 있던 아이디어가 단번에 정리되는 느낌이었다.

"이 세 가지 차별화 법칙은 말이지, 어느 업계에서나 다 통해. 사람들이 흔히 '우리 업계는 특수하다'고 하는데, 화성에 레스토랑을 만들 게 아니라면 그럴 일은 거의 없어. 이건 보편적이고 피할 수 없는 법칙이야."

"어떤 업계든 다? 어떻게 그게 가능해?"

마코가 흥미로운 듯 물었다.

"왜 그런 것 같아?"

마코와 노조미는 잠시 고민해봤지만, 답을 찾지는 못했다.

"힌트를 줄게. 마케팅은 어디에서 일어난다?"

"……고객의 마음속! 아, 고객이 그걸 원하니까!"

마코가 외쳤다.

"정답. 손님이 없어도 목소리는 좀 낮추고."

마코는 황급히 손으로 입을 가렸다.

"고객이 원하는 건 거의 이 셋 중 하나야. 바쁠 때는 빠르고 편리한 가게로 갈 테고, 천천히 즐기고 싶을 때는 좋은 상품을 제공하는 곳으로 갈 거야. 내가 고객의 입장이 되어보면 쉽게 알 수 있어."

"이 세 가지를 다 하고 싶어. 그러면 손님들이 많이 오겠지?"

"할 수 있으면 해봐. 그만한 돈은 있고? 누가 할 건데?"

마사루의 말에 마코는 말문이 막혔다.

"엄청 빠르고 싸면서 최고급으로 맛있고, 게다가 직원 접객까지 훌륭한 레스토랑이 있을 것 같아?"

"엄청 비싸고 맛있는 곳은 있는데……."

"모두 다 갖춘다는 건 불가능해. 시간이나 비용 투자는 한정되어 있고, 전부 다 갖추려고 하면 오히려 특징이 사라지기 때문에 차별화가 안 돼."

"그럼 우리 매장은 어떻게 해야 하지?"

마코가 이어서 물었다. 노조미도 흥미로운 듯 대답을 기다렸다.

"나한테 묻지 마. 그 대답을 알고 있는 건 누구다?"

마코와 노조미는 다시 얼굴을 마주 보며 동시에 외쳤다.

"손님!"

"정답!"

마사루는 웃으면서 대답했다.

"두 사람 무슨 쌍둥이 개그 콤비같이 재밌네. 근데 말이야, 그 해답은 이미 나와 있어."

"어디에요?!"

노조미가 몸을 내밀고 물었다.

"마코, 얼마 전 그 설문지 갖고 있어?"

그 말에 마코는 가방에서 100장가량 되는 종이 다발을 꺼냈다.

"이거 노조미가 도와준 거야."

"고마워요. 이게 이번에 도움이 될 거야. 여기, 이 질문이야. '왜 다른 곳이 아니라 우리 레스토랑을 찾아오셨나요?' 이 주관식 문항이 차별화 포인트를 묻는 질문이거든. 마코네 상사 오쿠보 씨랬나, 이 질문을 덧붙인 게?"

마코가 고개를 끄덕였다.

"이 질문이 중요해. 여기에 힌트가 있을 거야. 계속 곱씹어봐."

노조미는 마사루가 자기 회사 사람을 칭찬해준 것에 희망을 느꼈다.

"아까 노조미 씨가 말했죠. 손님들이 밝아진 모습으로 매장을 나갔다고. 좋든 나쁘든 그게 열쇠 아닐까요?"

◆◆◆

"그런데, 마코랑 충돌했다던 주방장, 기요카와 씨였나, 어떤 사람이에요?"

마사루가 목소리를 낮추고 물었다.

"나쁜 사람은 아닌데, 장인 정신이 투철하고 좀 까다로우세요."

노조미가 작은 소리로 대답했다.

"역시 그렇군요. 이런 말 하지 않았어요? '맛만 좋으면 손님은 따라오는 거야.'"

"어떻게 아셨어요?!"

"그렇다니까요. 장인 정신이 투철한 사람은 '물건이 좋으면 팔린다'고 믿거든요. 그게 아니라는 건 앞에서 설명했죠. 차별화에도 일관성이 중요하다고. 그렇지만 개발자는 그렇게 생각하기 쉽죠."

"이것도 어느 회사나 마찬가지인가요?"

노조미가 신기하다는 듯 물었다.

"꼭 그런 건 아니지만 보통 어느 회사든 개발팀과 마케팅, 영업팀은 별로 사이가 좋지 않죠. 개발팀 쪽의 장인 정신 타입들은 '이렇게 좋은 물건을 왜 못 파는 거야'라고 불평하고, 마케팅이나 영업팀 쪽에서는 '왜 우리 회사 개발팀은 좀 더 잘 팔리는 물건을 못 만드는 거야'라고 투덜대니까요. 그건 타입이 다른 거라 어쩔 수 없어요."

"타입이란 게 뭐야?"

마코가 묻자 마사루가 설명을 이어갔다.

"개발자를 아까 말한 차별화 축에 비유한다면 어디에 속할 것 같아?"

마코와 노조미가 종이로 시선을 떨어뜨렸다.

"상품 축인가요? 이게 사람의 타입이기도 한가요?"

"맞아요, 정답. 어디까지나 일반론이긴 하지만, 상품을 축으로 차별화를 꾀하는 회사는 개발팀의 힘이 강하고 장인 타입의 사람이 많죠. 그게 회사의 강점이니까. 좌우지간 좋은 물건을 만들어내고 싶어 해요. 반대로 밀착을 축으로 차별화를 꾀하는 회사는 영업을 중시하다 보니 붙임성 좋은 사람이 많죠. 차별화 축과 직원의 성격은 상당히 밀접한 경향이 있어요."

마코와 노조미는 단번에 지금 이 상황이 이해가 됐다. 리스토란테 이탈리아노에는 상품 축 대표인 기요카와와 밀착 축 대표인 우에하라 노조미가 서로 대립 구조를 만든 것이다. 그 사실을 깨달은 노조미는 '어느 회사에서든 일어나는 일'이라는 말에 복잡했던 마음이 한결 가벼워져서, 이렇게 말했다.

"차별화라는 게 경쟁자를 이기는 거라고 생각했어요."

"비즈니스에서는 확실히 그런 측면이 있지만, '이긴다'기보다는 '가치'죠. 중점을 두는 곳이 달라요. 경쟁자보다 더 큰 가치를 고객에게 제공한다면 승리는 따라올 거예요. 고객은 그런 부분을 유심히 지켜보고 있거든요."

"승리보다 가치라……."

마코와 노조미는 지금 해야 할 일과 함께 희망이 보이는 것만 같았다.

"그런데 말이야, 마코, 이탈리아에 가본 적 있어?"

마사루가 불쑥 물었다.

"없어. 여행사에 있긴 했지만, 국내 전문 가이드였거든."

"이탈리안 레스토랑을 기획하면서 이탈리아에 가본 적이 없다고?"

"그게, 이 부서에 온 지 한 달밖에 안 됐거든."

"아, 이러면 더 할 말이 없지. 가본 적도 없는데 어떻게 이탈리아를 이야기할 수 있겠어? 그런 사람이 만든 이탈리안 레스토랑

기획에 설득력이 있을까? 노조미 씨, 그렇지 않아요?"

"아니, 회사 일이니까 회사에서 돈을 대주면 몰라도……."

"하아, 직장인은 이렇다니까. 마코, 너 진지하긴 한 거야?"

"진지하지! 그러니까 이렇게 하고 있잖아!"

마코 역시 기분이 상해 소리를 높였다.

옆에 있던 노조미는 당황스러웠지만, 마사루는 늘 있는 일이라는 듯 태연하게 대답했다.

"정말 진지하다면 자기 돈으로 연차를 내서라도 가야 하는 거아니야? 그런 돈도 시간도 마련할 의지가 없다면 진지하다고 할수 없는 거 아냐? 돈이 없으면 상사에게 경비 처리 해줄 수 없겠냐고 논의 정도는 해볼 수 있잖아."

"……."

하고 싶은 말이 목까지 차올랐지만 되받아치지 못했다. 마사루의 말이 옳다.

"마코. 스포츠도 그렇고 모든 분야에서 승리한 사람은 어떤사람인 것 같아?"

마코는 다시 마음을 가라앉히고 생각했다.

"이긴 사람이 강한 사람이다, 뭐 그런 진부한 얘길 하려는 건아니지?"

"설마. 대답부터 해봐."

노조미도 머리를 굴리고 있었다.

"제일 잘하는 사람이나, 제일 강한 사람?"

"아니, 가장 간절한 사람이야. 이기고야 말겠다는 집념이 강한 사람이 결국 이기는 거야."

"그렇지만 마음만으로는……."

"물론 재능도 필요하지만, 이기고 싶은 마음이 간절한 사람은 기를 쓰고 약점을 극복할 방법을 찾거든. 간절한 사람은 남보다 몇십 배 연습을 해. 인간의 실력이란 건 다 거기서 거기거든. 마지막에 승부를 결정짓는 건 강한 기백, 집념, 의지인 거야."

'가장 간절한 사람이 이긴다. 강한 의지.'

마코는 마음속으로 되뇌었다.

"그래. 이탈리아에 가겠어. 적립해둔 투자신탁도 깨고, 연차도 낼 거야."

"노조미 씨도 같이 가면 어때요? 다음 주쯤에."

"네?! 아니, 이렇게 바쁜데……."

"손님 별로 없잖아요. 엄청 바빠 보이지는 않은데?"

마사루가 장난스럽게 웃었다.

"이 매장도 앞으로 4주 뒤면 문을 닫을지도 모르잖아요. 그 전에 할 수 있는 건 다 해보는 게 어때요? 힘을 보태주는 것도 나쁘지 않을 것 같은데?"

노조미는 갑작스러운 제안에 어쩔 줄 몰라 했다.

"이제 디저트 타임이네요. 이 매장의 추천 메뉴는?"

마사루가 노조미에게 물었다.

"돌체도 맛있고 다 맛있어요."

노조미의 대답에 마사루는 아쉬운 표정을 지었다.

"그럼 메뉴에 있는 돌체 다 줘봐요."

잠시 후 디저트가 나오자 죽 늘어놓고는 마사루가 말했다.

"나쁘지는 않은데 특징이 없네. 티라미수나 판나코타panna cotta®는 어디에나 있는 메뉴야."

"당연하죠, 이탈리안 레스토랑이니까요."

노조미는 의아하다는 듯 대답했다.

"아까도 물었지만, 왜 이 매장에 와야 할까요? 흔하디흔한 걸 먹으려고?"

그 말에 노조미는 뜨끔했다.

"처음에 추천 메뉴를 물었죠. 그런데 노조미 씨가 없다고 답했고. 디저트도 그랬어요. 이 매장은 확실히 음식 맛이 나쁘진 않아요. 기요카와 씨인가, 주방장 실력은 좋아요. 그런데 특징이 없어요. 인테리어도 평범한 이탈리안 레스토랑과 비슷하고. 이탈리안 레스토랑이 드물었던 30년 전이라면 이 정도만 해도 통했겠죠. 하지만 지금은 달라요. 이런 가게는 널렸어요."

● 설탕을 넣은 크림을 젤라틴과 함께 굳힌 푸딩 형태의 디저트

그렇구나, 그것이 차별화야. 그런데 우리 매장은 차별화가 전혀 없었던 거야……. 손님이 찾지 않는 것은 어찌 보면 당연한 일이지. 노조미는 무언가 생각하더니 결심한 표정을 지었다.

"저도 마코랑 같이 이탈리아에 가겠어요."

단호한 어조였다.

"그래, 그게 좋겠어요. 이 매장의 메뉴 콘셉트를 확실히 잡기 위해서도 말이에요."

"그럼 노조미, 조금 갑작스럽지만 부탁할게. 오쿠보 실장님도 분명 좋다고 하실 거야. 경비 처리도 의논해볼게."

"이탈리아에 가게 되면 상호도 좀 고민해봐. '리스토란테 이탈리아노'란 '이탈리안 레스토랑'이라는 뜻이잖아. 매장의 특징이 하나도 안 보여."

마코는 그동안 식당명에 한 번도 의문을 품지 않았지만, 차별화에 관해 이것저것 배우고 나니 '리스토란테 이탈리아노'라는 이름 자체가 모든 문제를 드러내는 상징처럼 느껴졌다.

주방에서 '디저트를 전부 하나씩 달라'는 주문을 들은 기요카와는 도대체 누가 이런 주문을 했냐며 홀을 내다봤다. 마사루와 마코, 거기다 노조미까지 화기애애하게 이야기를 나누고 있었다.

"저 녀석들 아주 태평하구먼."

세 사람이 어떤 대화를 나누는지도 모른 채 기요카와는 투덜거리며 주방으로 들어갔다.

CHAPTER 4

어떻게 가치를
전달할 것인가

4P

4P란 가치를 실현하고
대가를 받는 것

1장에서는 고객이 원하는 가치인 '베네피트'에 관해 설명했다.
2장에서는 추구하는 베네피트에 따라 고객을 나누고(세그먼테
이션), 목표를 설정해야 한다(타깃)는 이야기를 했다. 3장에서는
타깃에게 베네피트를 제공하는 것만으로는 선택받지 못하므로
경쟁자보다 더 큰 가치를 제공해서 차별화해야 한다고 역설했
다. 그리고 고객에게 가치를 제공하고 그 대가로 돈을 받기 위한
구체적인 수단, 가치를 실현하는 것이 바로 이번 장에서 설명할
'4P'(복수형으로 '4Ps'라고 표현하기도 하지만, 이 책에서는 4P로 통일
한다)다. 마케팅 현장에서 꼭 필요한 요소들로 각각의 머리글자
를 따서 4P라고 부른다. 마케팅이라고 하면 으레 4P를 말할 정
도로 기본 항목인데, 그 의미는 단순하지 않다.

> **4P**
> ✧ Product(제품과 서비스) - 고객에게 가치를 제공한다.
> ✧ Promotion(광고와 판촉) - 고객에게 제품과 서비스의 가치를 알린다.
> ✧ Place(판로와 채널) - 실제로 고객에게 가치를 전하는 경로.
> ✧ Price(가격) - 돈을 받음으로써 제공한 가치의 대가를 얻는다.

'가치를 제공하고 대가를 받는 것'이 키워드라는 점에 주목하자.

채소주스로 알아보는 4P

최근에 채소주스를 사본 적이 있는가? 요 몇 년 전부터 여러 회사에서 다양한 제품이 나오고 있어 자주 마시는 사람도 있을 것이다. 이때 우리가 생각하는 것들이 바로 4P다. 거듭 말하지만, 마케팅은 우리 주변에서 일어난다. 우리가 무언가를 살 때(그때 우리는 고객이다), 파는 쪽에서 실행하는 것이 판매 마케팅인 셈이다.

① 제품과 서비스
채소주스를 살 때 구체적으로 손에 쥐는 물건이 제품이다. 당연히 어느 회사의 어떤 채소주스를 살지 따져볼 것이다. 그렇게 고른 제품을 마시는 행위로 고객은 욕구를 채운다.

② 판로와 채널

같은 회사의 같은 채소주스라도 편의점, 마트, 자판기 등 판매하는 곳은 다양하다. 방문판매로 팔기도 하고, 인터넷 쇼핑몰에서도 판다. 어디서 사는가는 구매자의 선택지이고, 어디서 팔 것인가는 판매자의 채널 선택지가 된다.

③ 광고와 판촉

우리는 그 채소주스를 어떻게 알았을까? TV 광고? 잡지나 신문 광고? 편의점이나 마트 앞에 붙은 홍보물? 인터넷 웹사이트를 통해 알게 되기도 한다.

④ 가격

채소주스를 얼마에 샀을까? 고객인 우리는 제품을 선택하고 돈을 낸다. 고객이 '돈을 내는' 것은 곧 마케팅을 하는 판매자가 '대가를 얻는' 일이다.

이처럼 4P는 우리가 구매자로서 무언가를 살 때 당연히 하는 행동이다. 실제로 마케팅이란 당연한 일들을 체계화한 것에 지나지 않는다. 그러면 4P의 각 요소를 하나씩 살펴보자.

1 어떤 가치를 팔 것인가
제품과 서비스(Product)

'Product'를 직역하면 '제품'이지만, 판매 대상을 꼭 '물건'이라고 단정할 수는 없다. 마사지나 에스테틱, 이발소, 컨설팅 같은 서비스업은 말 그대로 물건이 아니라 서비스를 판다. 컴퓨터 프로그램에도 물리적인 실체는 없다(DVD나 애플리케이션은 매체이지 실체가 아니다). 여기서 말하는 'Product'란 유, 무형을 따지지 않는 '상품'을 뜻한다.

빵집은 빵을, 시계 매장은 시계를, 컴퓨터 회사는 컴퓨터를, 에스테틱은 미용 서비스를, 레스토랑은 식음료를, 철강 상사는 철을 판다. 꼭 직접 만들지 않더라도 제품과 서비스를 판매할 수 있다.

마케팅의 중심은 역시 상품이다. 나머지 광고, 판로, 가격 따위는 상품이 있어야 따라오는 것으로, 고객이 구매행위를 할 때는 제품과 서비스부터 생각할 것이다. 그래서 무엇을 팔 것인가를 신중히 고민해야 한다.

제품과 서비스가 중요한 이유는 고객이 그것을 통해 '가치를 실현'하기 때문이다. 판매자는 제품을 만들어 파는 것이 목적일지 모르나, 고객이 물건을 사는 행위는 어떤 가치를 실현하고 욕구를 채우는 수단이지 목적이 아니다.

당신은 드릴을 파는 것이 목적일지 모르지만, 고객에게 드릴은 단순히 욕구를 만족시켜주는 수단일 뿐, 목적은 구멍을 뚫는 것이다. 즉, 가치를 실현하기 위해 제품을 사는 것이지, 그 반대가 아니다.

예를 들어, 시계라는 '제품'은 시곗바늘, 시곗줄, 문자판, 구동 장치 등으로 구성된다. 이것이 '물체로서의 제품'이며, 고객의 기능적 베네피트는 '시간을 아는 것'이다. 그리고 롤렉스, 불가리, 까르띠에 같은 고급 브랜드 시계는 여기에 '사회적 지위'와 '우월감'을 덧붙여 판다. 당신은 시계를 파는 데만 집중하고 있을지도 모른다. 그러나 시계를 사는 고객은 '시간을 알 수 있다'는 가치를, 그리고 '사회적 지위'와 '우월감'까지 사고 있다. 제품과 서비스에는 이러한 가치까지 모두 포함되어 있다는 사실을 기억하자.

제품과 서비스가 어떤 가치를 실현할지 생각한다

"무엇을 팔 것인지부터 결정하라"고 말하면 무슨 그런 당연한 소리를 하느냐고 의아해하겠지만, 사실 이것은 꽤 어려운 주제다. 가령 당신이 빵집을 한다고 하자. 빵집 주인인 당신은 무엇을 팔 것인가? 물론 '빵이라는 물체'를 팔고 있을 것이다. 그렇다면 고객은 무엇을 사고 있을까? 선문답 같지만, 고객은 빵을 사고 있다. 그렇다면 빵으로 무엇을 하려는 걸까?

일요일 아침, 카페라테와 함께 먹을 크루아상을 사는 고객은 '우아한 한때'를 산다. 아침을 만들 시간이 없어서 샌드위치를 사는 직장인은 '시간 절약'을 산다.

다시 말해 '무엇을 팔고 있는가?', '당신은 어떤 가게를 하는가?'라는 질문은 당신이 '어떤 고객의 어떤 가치를 실현해주고 있는가?'라는 질문과 같다고 보면 된다. 제품과 서비스는 거기서 결정된다.

사실 이것이야말로 '사업 영역'을 결정짓는 근본적인 질문이다. '이것을 팔아 손님에게 어떤 가치를 주려고 하는가?'라는 질문은 비즈니스의 뿌리와 관련된 것이다.

만약 빵집에서 '우아한 한때'를 판다면 크루아상에 곁들일 고급 잼이나 버터를 같이 팔아도 좋다. 프랑스 빵 바게트도 좋고, 함께 마실 고급 홍차를 팔아도 좋다. 영업시간은 오전 10시부터 오후 7시까지여도 큰 문제는 없지만, 휴일에는 문을 여는 게 좋다.

'시간 절약'을 파는 빵집이라면 함께 마실 캔 커피나 채소주스를 팔아도 좋다. 점심 식사용 빵, 주먹밥, 에너지드링크 등도 같이 사 갈지 모른다. 아침 일찍부터 문을 열어야겠지만, 주말은 쉬어도 무방하다.

물론 이것은 예시일 뿐이지만, '무엇을 상품으로 내세울 것인 가'는 '어떤 가치를 제공할 것인가'라는 질문과 연동해 비즈니스 영역을 결정짓는 중요한 결단이다. 그래서 이 책에서도 4P 중 'Product'가 맨 처음에 나왔다. 비즈니스란 가치를 제공하고 돈 을 받는 활동이며, 그것을 직접적으로 실현하는 것이 '제품과 서 비스'다.

2 가치를 알려서 파는 방법
광고와 판촉(Promotion)

제품과 서비스를 팔기 위해서는 그 존재와 베네피트를 고객에 게 알려야 한다. 고객이 상품이 있는지를 모르면 살 수가 없고, 있다는 걸 알아도 가치를 모르면 사지 않기 때문이다.

차별화는 고객에게 알려져야 비로소 유효하다. 아무리 좋은 제품이라도 가치를 알리지 않으면 팔리지 않는다. 장인정신이 투철한 타입은 흔히 '물건만 잘 만들면 저절로 팔린다'고 말한 다. 좋은 물건은 분명 필요조건이기는 하지만 충분조건은 아니 다. 애초에 그 물건이 정말 좋은지 아닌지는 구매해 써봐야 알 수 있기 때문이다. 따라서 구매해 써본 사람만이 제품과 서비스 가 좋은지를 안다. 그러므로 구매하지 않은 사람이 좋을 것 같 다고 '느끼게 하는 것'이 중요하다. 그러기 위해서는 제품의 가치나 차별화 포인트를 알려야 한다. 이렇게 가치를 알리는 것이 광고와 판촉의 역할이다.

흔히 '프로모션'이라고 하면 보통 매장 앞에서 진행하는 판촉 활동, 할인 행사나 증정 행사를 떠올린다. 사실 그렇게 쓰는 경우가 많지만, 4P에서 말하는 'Promotion'은 그런 행사나 광고 등을 모두 포함해 '고객의 인지도를 높이고 구매를 촉진하는 모든 행위'라는 폭넓은 의미로 쓴다. 핵심은 여기에서 말하는 'Promotion(광고와 판촉)'의 목적은 고객에게 '가치를 알리는 것'이라는 사실이다. 모든 것의 기본은 '고객이 원하는 가치'다.

광고로 차별화 포인트를 알린다

광고의 주요 목적은 제품을 알리는 것이다. 다시 말해 제품과 서비스의 존재와 그것이 가져다줄 가치를 잠재 고객에게 알리고 각인시켜 구매 욕구를 자극하는 것이다. 광고는 '광고 매체'와 '메시지'로 나눌 수 있다. 광고를 전달하려면 매체가 필요하다. 4대 매체라고 일컫는 TV, 신문, 잡지, 라디오와 더불어 대중교통 광고(지하철 내부, 역사 광고 등)가 대표적인 광고 매체다.

광고회사 덴쓰電通가 발표한 '일본의 총 광고비'(2021년 기준)에 따르면 TV와 신문 광고비가 일본 광고비 전체(6조 7,998억 엔)의 3분의 1을 차지한다. 그다음은 조간신문에 딸려오는 전단지, 집으로 배달되는 홍보우편물도 광고비에서 차지하는 비율이 높다. 마트나 편의점 안팎에 붙인 포스터 등의 홍보물도 광고다. 2000년대 이후부터는 인터넷의 매체 영향력이 어마하게 커져서 인터넷 광고비는 4대 매체 광고비를 웃돌고 있다.

이처럼 광고비를 지불하는 광고뿐만 아니라 '제품 패키지'도 일종의 광고다. 판매자는 매장에 들어온 고객이 제품의 존재를 인지하고 장바구니에 집어넣게 만들려고 다양한 아이디어를 내놓는다. 인스턴트 카레라면 겉포장에 먹음직스러운 카레 사진을 인쇄해놓는다. 또 가게 외관 자체도 광고가 될 수 있다. 편의점은 오가는 사람들이나 운전자들의 눈에 띄기 위해 커다란 간판을 만들어 설치한다.

그리고 광고로 전달하는 내용이 '메시지'다. 메시지의 기본적인 역할은 물론 '사게 만드는 것'이지만, 이를 위해서는 제품과 서비스의 차별화 포인트를 전달하는 것이 중요하다. 만약 차별화 포인트를 알렸는데도 팔리지 않는다면(욕구를 자극하지 못한다면), 그것은 메시지보다 차별화 포인트가 잘못 설정되었을 가능성이 크다.

광고의 기본 메시지는 '사주십시오'다(꼭 그렇게 직접적으로 말하지는 않을지라도 말이다). 고객은 제품과 서비스가 아니라 욕구 충족을 사는 것이므로 '이 제품과 서비스로 당신의 욕구를 채울 수 있습니다'라는 메시지를 전달해야 한다.

다음의 도표는 유명한 광고 문구 몇 가지를 예로 들어, 그것이 어떤 욕구를 자극하는지 분류한 것이다. 예컨대 음료 기업 가오花王는 '헬시아 녹차'의 광고 문구로 "체지방이 신경 쓰이는 분께"를 썼는데, 이것은 건강이라는 '생존욕구'를 자극한다. 이처럼 잘 팔리는 상품의 광고 문구는 영리하게 고객의 욕구를 제대로 자극하는 경우가 많다.

각 항목의 마지막에는 껌의 예를 들었다. 나는 한때 수년간 껌 마케팅을 해왔는데, 껌은 기본적으로 사탕 따위의 감미료와 껌 베이스라고 부르는 고무 같은 것으로 만든 단순한 제품이다. 하지만 이렇게나 다양한 가치를 메시지로 드러낼 수 있다. 같은 껌이라도 '졸음운전 방지 블랙블랙', '구취 예방 클로레츠', '즐거운 풍선껌 버블리셔스' 등 베네피트가 전부 다르다.

여기서는 욕구를 직접 자극하는 메시지를 예로 들었지만, 꼭 그렇게 해야만 효과가 있는 것은 아니다. 대놓고 말하면 촌스러워지고 이미지를 깨뜨린다는 이유로 간접적으로 욕구를 자극하는 경우도 있다. 예컨대 고급 브랜드는 업종과 업태를 막론하고 광고의 톤 앤 매너tone and manner로 고급스러움을 표현한다. 유럽계 브랜드들은 '우리 가방은 고급이다'라고 말하는 대신, 은근히 고급스러움을 풍기는 광고를 내보낸다. 하겐다즈는 관능적인 맛이 느껴지는 광고를 제작한다.

결국 목적은 1장에서 설명한 인간의 3대 욕구를 자극하는 것이지만, 그것을 표현하는 방법은 디자이너나 카피라이터의 역량에 따라서 매우 다양하다. 마케팅은 좌뇌의 논리도 중요하지만, 표현 부분에서는 우뇌의 예술적 요소도 중요하다.

✦ 욕구를 자극하는 메시지

기본적인 3대 욕구		유명한 광고 문구
심리적	자기욕구 '나다움' 기준 : 내적 가치	성취감 : '언젠가는, 크라운' (토요타) 상쾌함 : '톡 쏘는 청량감' (코카콜라) 즐거움 : '즐거움이 부푸는 풍선껌' (버블리셔스)
	사회욕구 '인정받고 싶다' 기준 : 외적 가치	정 : '사랑 한 병' (티오비타 드링크) 이성 : '조금 더 가까워졌다' (8×4, 냄새제거제) 주변에 대한 배려 : '숨결, 상쾌하게!' (클로레츠)
육체적	생존욕구 '살고 싶다' 기준 : 신체적 가치	건강 : '체지방이 신경 쓰이는 분께' (가오 헬시아) 맛 : '모든 것은 고객의 맛을 위해' (아사히맥주) 생존 : '운전 중 졸음에' (블랙블랙)

판촉이란
구매를 촉진하는 장치

'판촉'이란 '판매 촉진'을 줄인 말이다. 광고와 판촉을 엄밀히 구분하기는 어렵지만, 광고가 대부분 인지도를 높이는 수단인 데 반해 판촉은 그 즉시 구매하게 만드는 모든 수단을 가리킨다. 판촉 수단은 업종과 업태에 따라 다양하지만, 일례를 들면 다음과 같다.

샘플링

역 앞이나 매장 앞에서 샴푸나 생리용품, 음료 샘플을 나눠주는 모습을 종종 봤을 것이다. 마트에는 시식 요원을 두고 소시지나 고기 따위를 즉석에서 구워 고객에게 권하기도 하는데, 이것도 일종의 샘플링이다. 실제로 상품을 써보게 한 뒤 구매하게 하려는 전략이다.

이벤트

마트에서 참치 해체 쇼와 같은 이벤트를 진행하면 참치 판매량이 대폭 오른다고 한다. 고객의 이목을 집중시킨 뒤 즉석 판매 행사를 진행하면 매출을 확 끌어올릴 수 있다.

스탬프, 포인트 카드

스탬프나 포인트 카드는 가장 널리 쓰이는 판촉 수단이다. 당신 지갑에도 아마 한두 장은 들어 있을 것이다. 이것은 고객의 이탈을 방지하고 재방문을 유도하는 전략이다. 같은 물건을 산다면 포인트를 적립해주는 가게에서 사게 마련이다.

할인

일정 기간 판촉을 위해 할인 행사를 열기도 한다. 재고 처분 바겐세일은 물론이거니와 백화점의 1+1 판매 이벤트도 어떤 의미에서는 할인 행사다.

3 어디서 사게 할 것인가
판로와 채널(Place)

4P 중 세 번째는 판로와 채널이다. 광고와 판촉은 가치를 알리는 것, 판로와 채널은 그 가치를 실현하는 제품과 서비스를 고객에게 전달하는 것을 말한다. 간단히 말하면 어디서 팔 것인가 하는 문제다. 크게 나누면 다음과 같다.

점포

수많은 제조회사가 도매회사를 거쳐 소매점을 판로로 삼는다. 마트에서 파는 음료, 컵라면, 가전제품 대리점에서 파는 TV, 노트북 등이 그렇다. 음식점도 점포가 곧 채널이다. 가게에서 주문하고 먹고 마시기 때문이다. 또 점포는 직영점과 대리점으로 나뉜다. 예를 들어 까르띠에 시계는 까르띠에 직영점과 대리점 두 곳에서 판매한다. 직영점에서는 정가로 판매하고, 대리점에서는 대개 할인 가격으로 판매하기 때문에 가격이 다르다.

영업사원

법인 고객을 상대하는 비즈니스나 주택 판매 등은 영업 담당자가 직접 고객을 찾아가 판매하는 경우도 많다. 이때는 영업사원, 즉 '사람'이 곧 채널이다.

판매회사, 대리점

자동차는 이른바 딜러가 판다. TV 광고는 방송국이 아니라 광고대행사가 판다. 이처럼 깊은 관계를 맺은 판매회사나 대리점에 영업과 판매를 위탁하는 경우도 있다.

자동판매기

음료나 담배 등은 자판기로도 많이 판매한다. 일본 자동판매기공업협회에 따르면 일본 전국에 설치된 자판기는 2013년 기준 509만 대로 집계 이래 가장 많았다. 자판기는 보통 정가로 팔기 때문에 청량음료 제조회사로서는 아주 중요한 채널이다.

통신판매

점포나 영업사원을 두지 않고 인터넷, 전화, 우편 등을 이용해 판매하는 형태도 많다. 최근에는 아마존이나 라쿠텐 등 인터넷 쇼핑몰의 성장도 두드러졌다. 일본 통신판매협회에 따르면 통판업계 매출은 무려 7조 5,500억 엔(2017년 기준)에 이르고 꾸

준히 계속 증가세를 보이고 있다.

4 대가를 얼마나 받을 것인가
가격(Price)

가격은 고객이 판매자에게 치르는 직접적인 대가다. 기본적으로는 '값을 비싸게 매길 것인가 싸게 매길 것인가' 하는 단순한 선택이지만, 가격은 '가치를 제공하고 대가를 받는다'는 마케팅의 본질 중에서 '대가를 받는다'는 부분의 핵심이다. 그래서 4P 중 하나로 치기에는 그 의미가 훨씬 크다.

또 어떻게 대가를 받을 것인가는 비즈니스 모델의 핵심이기도 하다. 예외인 경우도 있겠지만, 가격은 '원가'를 웃돌아야 한다. 대개 가격은 원가에 마진을 얹어서 책정하게 되는데, 너무 싸면 이익이 나지 않고 너무 비싸면 팔리지 않는다. 그렇다면 가격은 어디까지 올릴 수 있을까?

이때도 역시 '고객의 가치'로 돌아가서 생각해야 한다. 고객이 느끼는 가치가 크면 가격이 비싸도 돈을 낼 것이고, 가치가 작으면 아무리 싸도 사지 않을 것이다. 당신은 맛없는 라면이나 덮밥을 단지 싸다는 이유로 먹겠는가? 가격이라는 '대가'는 어디까지나 '가치'와 비교되는 상대적 개념인 셈이다.

루이비통 가방은 저렴하다고 해도 최소 20만 엔 이상인데, 그래도 인기가 있다. 비슷한 품질의 가죽 가방은 수만 엔 대에 팔고 있지만 많은 이들이 돈을 더 주고서라도 '루이비통 가방'을 갖고 싶어 한다. 루이비통 가방을 들고 다니면 사람들이 자신을 부러워한다는 우월감(사회욕구), '마침내 손에 넣었다'는 성취감(자기욕구) 등의 가치까지 얻을 수 있기 때문에 그만큼의 가격을 지불한다.

이것은 저가 상품에서도 마찬가지다. 이자카야에서 냉두부에 양념이나 고명을 얹어 먹는 히야얏코는 300엔 전후에 판다. 하지만 원가를 따져보면 재료라고는 두부 반 모에 양념뿐이니 마트에서 산다면 60엔에 해결할 수 있다. 이자카야에서 대량 구매한다면 30엔 수준 아닐까? 조리도 두부를 자르기만 하니 품이 거의 들지 않는다. 원가만 따지면 히야얏코 300엔은 비싸지만, 아무도 비싸다고 불평하지 않는다. 그만큼의 가치가 있다고 여기고 주문하기 때문이다.

고객은 어디까지나 '가치의 대가'로 가격이 싼지 비싼지를 판단하는 것이다.

거의 모든 업계에 '비싸고 특별한 상품'과 '저렴하고 무난한 상품'이 존재한다. 카페 업계에는 스타벅스와 도토루, 햄버거 업계에는 모스버거와 맥도날드, 아이스크림 업계에는 하겐다즈와 글리코, 시계 업계에는 롤렉스와 카시오, 자동차 업계에는 포르쉐와 토요타 등이 있다.

저가 전략을 취하는 회사는 규모의 경제를 살려 저비용으로 생산하고, 그것을 많은 고객에게 팔아 이익을 남기는 '고객 수 중시형'이다. 고가 전략은 돈을 들여 남다른 제품을 생산하고, 그것을 원하는 소수의 고객에게 팔아 이익을 남기는 '객단가 중시형'이다.

어느 쪽이 좋고 어느 쪽이 나쁘다고 말할 수는 없다. 자사의 강점에 따라 채택하는 전략이 다를 뿐이다. 가격의 고저는 이처럼 전략, 고객, 자사의 강점 등 다양한 요소에 따라 결정된다.

한편, 누구에게서 대가를 받을 것인지도 가격을 결정짓는 요소 중 하나다. 통신사는 보통 전화를 건 사람에게서 통화료를 받는다. 그런데 수신자 부담전화의 경우는 전화를 받은 사람에게 통화료를 청구한다. 잡지는 보통 독자가 돈을 내고 사지만, 무료로 배포되는 잡지나 웹진 등은 독자가 아니라 광고주에게서 대가를 받는다. '누구에게 대가를 받을 것인가'라는 관점을 뒤집어 독특한 비즈니스 모델을 구축한 것이다.

4P의 일관성이 중요하다

이것으로 4P에 대한 설명은 대강 끝났다. 하지만 구체적으로 들어가면 4P도 업종이나 업태에 따라 다르다. 예를 들어, 제품과 서비스인 경우 제조회사라면 자사 공장에서 만들 것이고, 소매점이라면 도매점이나 제조회사에서 매입할 것이다. 판로와 채널도 제조회사라면 도소매점에 팔거나 직접 판매하겠지만, 소매점은 매장 그 자체가 판로이며 채널이 된다. 이것을 정리하면 다음의 표가 된다. 예시로 든 것뿐이니 실제로는 더 다양하게 전개할 수 있을 것이다.

4P란 '가치를 제공하고 대가를 받는 일'을 직접 실현하는 수단인데, '제품과 서비스', '광고와 판촉', '판로와 채널', '가격'마다 각각 다양한 선택지가 있으므로, 이것들을 조합하면 전략은 무궁무진하다.

그렇다면 좋은 4P와 나쁜 4P가 따로 있을까?

꼭 4P뿐만 아니라 마케팅에서 중요한 것은 '일관성'이다. 4P 요소 간의 일관성, 그리고 4P와 전략의 일관성이다. 요시노야의 소고기덮밥이라는 '제품'이 좋은지 나쁜지는 제품 하나만 놓고는 판단할 수 없다. 그 가격에 역 근처에서 그렇게 빠른 시간 안에 먹을 수 있기 때문에 좋은 것이다. 요시노야의 소고기덮밥이 백화점 레스토랑에서 3,000엔에 제공된다면 당신은 과연 그 덮밥을 사 먹을까?

중요한 것은 일관성이다. 일관성이 있으면 4P는 서로 결합해서 큰 힘을 발휘한다.

먼저, 4P의 전체적인 모습은 고객이 가치를 실현하고 판매자가 그 대가를 얻는 수단이다. 예컨대 채소주스라는 제품은 편의점이나 마트, 자판기라는 판로를 통해 고객의 손에 들어간다. 그리고 그 대가인 '가격'은 마찬가지로 '판로'를 통해 판매자에게 전달된다. 판로라는 매체를 통해 '제품(물적 유통)'과 '돈(상적 유통)'이 흘러가는 것이다. 그리고 이때 제품의 가치를 알리는 것이 광고와 판촉이다.

이 네 가지를 별개로 생각하면 안 된다. 이것들은 하나의 묶음이다. 편의상 4P를 나눠 설명했지만, 사실 4P는 나눌 수 없다. 예를 들어 제품과 가격은 나눌 수 없다. '이 제품이 ○○엔이었다면 샀을 텐데'라고 말하는 것처럼, 제품만 보고 고객이 구매를 결정하는 경우는 드물기 때문이다.

또한 제품 자체가 광고 수단이 되기도 한다. 채소주스라는 상품 포장도 넓은 의미에서는 광고이기 때문이다. 매장에서 겉포장을 비교해서 구매를 결정하는 일들도 있다. 나아가 판로도 어떤 의미에서는 광고다. 예를 들면 브랜드 매장이 그러한데, 까르띠에나 루이비통은 매장 자체가 광고다.

가격 자체에도 의미가 있다. 100그램에 1,000엔 하는 고기는 가격 자체가 고급 상품을 연상시킨다. 또 할인 행사와 같은 판촉도 있는데, 이 경우는 '가격'과 '판촉'이 함께 움직이는 셈이다. 따라서 4P를 각각 따로 떼어서 생각할 것이 아니라 한 세트로 보고 전체의 일관성을 확보하는 것이 중요하다. 잘 팔리는 제품과 서비스는 이렇게 일관성이 유지되고 있을 것이다.

업종, 업태별	제조사 컴퓨터	서비스업 미용실	소매점 마트
제품과 서비스	만드는 제품 노트북 등	제공하는 서비스 커트, 파마 등	매입하는 상품 고기, 채소 등
판로와 채널	소매점, 직판 등 만든 제품	점포, 인원 파견 등 점포 안	점포가 판로 점포 앞
광고와 판촉	TV, 신문, 인터넷 등 신문, 인터넷 광고 등	TV, 신문, 인터넷 등 역 앞에서 할인쿠폰 배포 등	광고, 매장 간판 등 전단지, 호객 등
가격	제품 가격 컴퓨터 20만 엔	서비스 가격 커트 3,000엔	상품 가격 무 150엔

차별화 전략과 4P의 관계

4P 사이의 일관성도 중요하지만, 더 중요한 것은 4P와 차별화 전략과의 일관성이다. 3장에서 차별화 전략에는 '간편 축', '상품 축', '밀착 축' 세 가지가 있다고 설명했다. 4P도 이 세 가지 차별화 축에 따라 완전히 달라진다.

컴퓨터를 예로 들어 구체적으로 설명해보겠다.

간편 축으로 차별화하는 전형적인 기업인 델의 타깃은 컴퓨터 마니아보다는 가격을 중시하는 개인이나 법인이다. 특히 법인은 가격에 민감하다. 델은 자사에서 부품을 만들지 않고 조립만 하는데, 이때 싸게 조달할 수 있는 범용 부품을 사용한다. 그러고서 대량판매를 노리고 신문이나 인터넷에 대대적으로 광고를 낸다. 청소년 대상 만화 잡지에도 광고를 싣는다. 델의 광고는 4P에서 설명한 고객의 반응을 끌어내는 광고의 표본이다. 판로는 매장이나 직원이 필요하지 않은 인터넷을 이용하고 가격은 일단 싸게 책정한다. 이렇게 델은 4P를 통해 간편 축 전략을 철저히 밀어붙이고 있다.

이에 반해 상품 축으로 차별화하는 기업이 애플이다. 예전의 아이맥iMac이나 현재의 아이팟iPod이 전형적인 예인데, 타깃은 디자인을 중시하는 유행 선도층이다. 나도 아이팟 유저였는데 갖고만 있어도 기분이 좋아질 만큼 디자인이 아름답다. 패키지도 타사는 투박한 공업제품 느낌을 주는 데 반해, 애플은 고급 시계 케이스처럼 세련됐다. 광고도 상품 설명을 늘어놓기보다는 메시지에 주력하는데, 타사는 흉내 내기 어려운 단순하고도 명쾌한 전략을 펼친다. 판로는 애플스토어와 대리점이며 정가로 판매되는 경우가 많다.

한편 밀착 축으로 차별화한 예는 파나소닉의 노트북 '레츠노트' 같은 제품이다. 이 제품에는 고객의 간지러운 부분을 긁어주듯 곳곳에 세심한 배려가 담겨 있다. 광고와 판촉은 평범하지만 주로 입소문을 듣고 알게 되거나 재구매하는 사람이 많다. 판로와 채널은 대리점인데, 파나소닉 온라인 공식몰에서 구매하면 노트북 덮개 색을 바꿀 수 있어 '나만의 노트북'으로 만들 수도 있다. 가격대는 당시 노트북 중에서는 최고 수준이었다.

이처럼 컴퓨터라는 언뜻 비슷해 보이는 제품도 세 가지 축에서 각기 일관성을 가지면 차별화할 수 있다. 이 축이 어중간해지면 델이고 애플이고 파나소닉이고 다 이길 수 없다. 왜냐하면 이세 가지 축이 고객이 원하는 가치의 기준이며, 각각의 축에 그 가치를 추구하는 고객이 있기 때문이다.

✦ 차별화 : 세 가지 차별화 전략과 4P

	간편 축	상품 축	밀착 축
고객 타깃	까다롭지 않음, 구매 용이, 가격 중시층	품질 중시층, 유행 선도층	까다로운 층, 마니아층
제품과 서비스	누구나 좋아할 법한 무난함	최고 품질, 최첨단 기술	특별한 소재, 특별사양
광고와 판촉	TV, 신문, 인터넷 등, 역 앞에서 할인쿠폰 배포	유행 선도층을 중심으로	마니아 사이에서 입소문, 소개
판로와 채널	장시간 영업, 편리한 입지의 점포, 인터넷 판매	한정적	한정적
가격	업계 최저가	고가에 할인율도 적다	가격은 일반적이지만 수수료가 든다

마케팅에 잘 팔리고 안 팔리고는 있어도 좋은 마케팅, 나쁜 마케팅은 없다. 그러나 지금까지 설명한 베네피트(고객이 원하는 가치), 타깃, 차별화 전략, 4P의 일관성은 좋은 마케팅의 필요조건이다. 그리고 이것이야말로 전략적인 마케팅이다. 타깃 전략과 차별화 전략이 4P라는 전술을 통해 실현되어, 결과적으로 전략에서 전술까지 일관성을 확보할 수 있는 것이다. 말은 쉽지만 이것을 실천하기란 그리 간단하지만은 않다. 즉, 진리는 단순하지만, 그 단순한 것을 뚝심 있게 진행하기가 어려운 법이다.

CHANGE 4

◇ 고객에게 '가치를 제공하고 대가를 받는 것'을 실현하는 것이
4P.

◇ 4P는 '제품과 서비스', '광고와 판촉', '판로와 채널', '가격'의 머
리글자다.

◇ '광고와 판촉'으로 가치를 알리고, '판로와 채널'로 가치를 전달
하며, '제품과 서비스'로 가치를 실현한 뒤, '가격'으로 대가를
받는다.

◇ 베네피트, 타깃, 차별화 전략, 4P, 이 모든 것이 조화롭게 어울
리는 것이 좋은 마케팅이다.

marketing story ✦

_ _ _ _ _ _ _ _ _ _ _ _ _ _ _ _ _ _ _

(PART 4) **확신**

리스토란테 이탈리아노에서 결의를 다진 다음 날, 마코와 노조미는 곧바로 오쿠보를 찾았다.

"우에하라 씨도 왔군요. 무슨 일로 여기까지?"

두 사람은 어제 있었던 일을 보고한 뒤, 하루빨리 이탈리아에 다녀오고 싶다고 덧붙였다. 오쿠보는 잠시 고민하다가 불현듯 수화기를 들고는 어딘가로 전화를 걸었다.

"네, 지금이요. 괜찮으실까요? ……그럼 지금 바로 가겠습니다."

마코와 노조미는 무슨 일인가 싶어 통화 소리를 듣고 있었다.

"사장실로 가죠. 히로오카 사장님과 담판을 지어봅시다. 당사자인 두 사람도 같이 오라시네요."

"사, 사장님이요?! 저도요?"

노조미가 당황해서 물었다.

"당연하죠."

말이 떨어지기 무섭게 오쿠보가 일어섰다.

"우레타마 씨, 설문조사 결과지 들고 오세요."

세 사람은 사장실 옆에 있는 회의실로 안내받았다. 이윽고 히로오카 사장이 들어왔다.

"갑자기 무슨 일이지? 또 그쪽은?"

"아, 안녕하세요. 리스토란테 이탈리아노의 홀 매니저 우에하라 노조미입니다."

"오쿠보 실장, 기획은 잘 진행되고 있나?"

"네, 착실하게 진행 중입니다. 실질적인 일은 우레타 씨가 하고 있고요. 우레타 씨, 일전의 설문조사 결과를 사장님께 말씀드리세요."

"네. 매장을 방문한 손님들께 이런 설문조사를 실시했습니다. 그 결과……."

예상치 못한 답변이 적혀 있는 것을 보고 히로오카 사장이 신음 소리를 냈다. 고객과 현장의 소리를 가감 없이 보고받는 건 처음이었다. 그러고 보니 노조미 같은 현장 담당자가 이 방에 들어오는 일도 처음이었다. 왜 지금까지는 오지 못했을까.

"결과는 잘 알겠네. 그래서 어떻게 하고 싶은 건가?"

"이 두 사람을 바로 이탈리아에 출장을 보내야 한다는 말씀을 드리려고요. 비용이 좀 들겠습니다."

"이제 와 새삼스럽지만, 이탈리아를 잘 모르는 상태에서 이탈리안 레스토랑 기획을 한다는 게 어불성설이 아닌가 생각합니다."

마코가 사장의 눈을 응시하며 똑 부러지게 말했다. 평생에 걸쳐 히로오카상사를 일궈온 히로오카는 사람을 보면 바로 감이 왔다. 사장은 마코의 말에서 이전의 쭈뼛거리던 그녀와는 다른 무언가를 감지했다. 확신에 찬 눈빛이었다. 고객의 생생한 목소리를 듣고 와 보여주고, 현장 직원을 사장실까지 데리고 오더니, 이제는 본고장인 이탈리아에 가고 싶다고 주장하고 있다. 히로오카 사장은 지금까지와는 달리 뭔가 개선될 거라고 확신했다. 일이 잘 풀린다면 출장비 정도는 값싼 투자였다.

"알겠네. 본고장을 연구해서 기획서로 한번 만들어봐."

"앗싸!"

히로오카는 사장인 자기 앞에서 거리낌 없이 하이파이브를 하는 마코와 노조미를 보며 쓴웃음을 지었지만, 그들의 젊은 에너지에 기대를 걸고 싶은 마음도 들었다.

"다만 앞으로 남은 기한이 4주라는 사실은 변함없으니 그리 알고."

"네!"

마코와 노조미가 기운차게 대답했다.

"그런데 사장님, 한 가지 더 드릴 말씀이 있습니다. 매장에서 주방을 맡고 있는 기요카와 점장 대리도 기획에 참여하고 싶다고 합니다. 이 두 사람에 맞서서 개선안을 내고 싶다고요."

"네에?!"

마코와 노조미는 저도 모르게 소리를 질렀다.

"오쿠보 실장이 좋다면야 나는 상관없지."

히로오카 사장이 마코를 슬쩍 보면서 말했다.

"알고 계실지도 모르겠지만, 솔직히 우리 기획실과 매장, 그리고 주방과 홀은 사이가 좋지 않습니다. 이참에 정리를 좀 해보는 것도 좋을 것 같습니다."

"그래. 좋을 대로 하게."

히로오카 사장도 예상치 못한 전개에 내심 놀랐다. 기획실과 현장, 현장 직원들 사이에서 불협화음이 있다는 건 짐작하고 있었지만, 지금까지는 덮어두려는 듯한 느낌이었다. 그것이 표면으로 드러난 것이다. 이제와는 분명 다른 일이 일어나고 있다. 히로오카 사장은 이미 리스토란테 이탈리아노를 깨끗이 포기할 마음까지 먹었지만, '어쩌면……' 하는 기대가 꿈틀대기 시작했다.

사장실에서 나온 마코는 오쿠보에게 따져 물었다.

"기요카와 점장 대리님 얘기는 어떻게 된 거예요?!"

"오늘 아침에 전화가 왔어요. 정확히 말하면, 두 사람에게는 맡기지 못하겠다고 하더라고요."

"저한테 맡기신다고 하셨잖아요!"

"아니, 나는 그랬지. 안 그랬으면 이 와중에 이탈리아에 왜 둘을 보내겠어요. 기요카와 점장 대리가 그렇게 말하는데, 개선안 내겠다는 것까지 막을 순 없잖아요."

"그 사람 진짜⋯⋯."

마코는 자신에게서 설문지를 빼앗아 공중에 집어던지던 기억이 새삼 떠올랐다.

"뭐, 이 기회를 이용해 이기면 되죠. 확실히 보여줍시다. 그래도 진다면 그땐 할 수 없고요. 그래도 매장이 문을 닫는 것보단 나으니까요."

"그래, 잘됐어. 실장님 말대로 담판을 지어보자. 어차피 시간도 몇 주 안 남았는데, 끝까지 한번 해보는 거야."

노조미도 마음을 굳게 먹고, 마코와 운명을 함께하기로 결의를 다졌다.

"실장님, 그런데 실장님은 대체 누구 편이세요?!"

"하하, 그야 난 당연히 고객 편이죠. 이것만은 잊으면 안 돼요. 매장의 운명을 결정짓는 건 우레타마 씨도, 사장님도, 기요카와 점장 대리도 당연히 아니에요. 바로 고객이지."

오쿠보는 성큼성큼 걸어나갔다. 마코는 '고객이 원하는 가치'라는 말을 반복해 강조하던 마사루의 얼굴을 떠올렸다.

◆◇◆

"우레타마 씨나 우에하라 씨나 둘 다 귀여워서 말 걸어오는 이탈리아 사람들이 많을 테니 조심하고요."

기획실 예산으로 비디오카메라까지 준비해준 오쿠보는 사진과 영상을 잔뜩 찍어 오라는 지시를 내리고는, 그런 한가한 말로 두 사람을 떠나보냈다.

목적지는 시칠리아의 트라파니Trapani. 장화 모양을 한 이탈리아 본토가 뻥 하고 찬 공이 시칠리아섬이고, 그 끝이 트라파니다. 마사루는 "로마나 밀라노, 피렌체처럼 사람들이 많이 가는 곳에 대한 정보는 일본에서도 얼마든지 얻을 수 있어. '차별화'를 찾기 위한 출장이라는 걸 잊지 마"라고 당부했다. 한편 마코는 여행사에서 일했을 때의 인연으로, 트라파니에서 요리연구가로 활동하는 레이라는 일본인 여성과 접촉할 수 있었다. 전 직장 동료에게 물어보니 믿을 만한 사람이라고 했다. 일식 조리사 자격증도 갖고 있고, 시칠리아에서 일본인 여행객을 상대로 요리교실을 열고 있었다. 레이의 웹사이트에 들어가보니 '진짜'를 찾은 것 같았다. 이것도 인연이라는 생각에 시칠리아와 레이에게 기대를 걸어보기로 했다.

일본에서 시칠리아로 가는 직항편이 없어서 로마를 경유해 시칠리아에 도착했다. 새파란 하늘과 태양이 두 사람을 맞아주었다. 공항까지 마중 나온다는 레이를 기다리고 있는데, 햇볕에 새까맣게 그을린 탱크톱 차림의 여자가 다가왔다.

"차오~ 레이라고 해요."

요리연구가라고 해서 조금 무뚝뚝할 거라고 상상했는데, 뜻밖에도 30대 중반의 유쾌한 여자가 나타났다.

"그럼 바로 출발해볼까요?"

"아, 네. 잘 부탁드립니다."

인사도 하는 둥 마는 둥 두 사람은 서둘러 레이의 차에 올라탔다. 세 사람은 차 안에서 자기소개를 했는데, 같은 여성인 데다 나이도 비슷하고 모두 요리 관련 일을 하고 있다는 공통점이 작용해 금세 경계심이 풀렸다.

레이가 처음 데려간 곳은 해안가였다.

"레이 씨, 여기서 낚시라도 하시려고요?"

"아뇨. 이게 시칠리아예요. 투명한 하늘. 푸르른 바다. 저는 이런 자연이 좋아서 여기에 살아요. 일단 이 광경을 보여주고 싶었어요."

"태양이 정말 눈부시네요. 일본하고는 완전히 달라요."

마코가 대답했다.

"맞아요. 금방 탈 거예요. 아, 잠깐만."

레이는 근처에 있는 어부에게 이탈리아어로 말을 걸었다. 어떤 거래를 하려는 듯했다. 마코와 노조미도 흥미롭게 바라보고 있었다. 레이는 성게알을 몇 개 받고는 돈을 건넸다. 시장을 통하지 않고 어부에게 직접 성게알을 산 것이다. 여기서는 일반적인 일일까.

"본 조르노."

갑자기 어부가 두 사람에게 인사를 건네왔다. 두 사람도 급히 인사했다. 레이가 이탈리아어로 뭐라 뭐라 두 사람을 소개했다. '일 솔레 시칠리아노'라는 말이 들렸다.

"레이 씨, 뭐라고 한 거예요?"

"아, 일본에서 온 여행자라고요. 이 근방에는 일본 사람이 잘 오지 않으니까 눈에 띄거든요."

"'일 솔레 시칠리아노'라고 한 것 같은데, 무슨 뜻이에요?"

"아, '시칠리아의 태양'이란 뜻이에요. 아까 태양이 눈부시다고 했잖아요? 그걸 어부에게 말했더니 '시칠리아의 태양은 세계 최고죠'라고 하더라고요."

"시칠리아의 태양, 일 솔레 시칠리아노…… 솔레가 태양인가요?"

"맞아요. 영어로도 태양 전지를 솔라셀이라고 하잖아요. 같은 어원 아닐까요?"

"일 솔레 시칠리아노…… 시칠리아의 태양이라…….'

마코는 머릿속으로 그 말을 되뇌었다.

◇◇◇

시칠리아의 새파란 하늘 아래 펼쳐진 시장에서는 신선한 채소와 과일이 일본에서는 상상할 수도 없는 가격으로 거래되고 있었다. 과일도 슈퍼마켓의 형광등 불빛 아래에서 파는 일본의 그것과 뭔가 달라 보였다. 레이의 말에 따르면 시칠리아 근해에서 일본으로 보내는 참다랑어도 잡는다는데, 때로는 값싸게 살 수 있는 모양이었다.

자연을 제외하면 아무것도 없다고 해도 과언이 아닌 동네였지만, 레이의 한없이 밝은 에너지는 자연의 품에서 느긋하게 살아가기 때문에 나오는 것이 아닐까, 마코는 생각했다.

"이런 곳에 오니 도시에서 시시한 인간관계로 고민하는 우리가 바보처럼 느껴지네요."

노조미가 레이에게 말했다.

"아뇨, 저도 도쿄에서 자랐지만, 도쿄는 도쿄대로 좋은 곳이에요. 하지만 여기 있으니 뭔가 자연에서 에너지를 얻을 수 있더라고요. 푸른 하늘. 태양. 투명한 바다. 여기로 이사 올 생각 없어요?"

갑자기 마코가 노트를 꺼내 진지하게 무언가를 적기 시작했다.

"왜 그래?"

노조미의 물음에 대답도 하지 않고 열심히 펜을 휘갈기는 모습을 레이와 노조미는 의아한 듯 바라보았다.

"미안, 노조미. 잠깐 떠오른 게 있어서."

마코가 밝은 목소리로 답했다.

"뭔가 기발한 아이디어가 떠올랐구나?"

노조미가 기쁜 듯 미소 지었다.

"응, 살짝."

마코가 확신에 찬 표정을 지으며 미소로 응답했다.

두 사람은 레이의 요리 교실에서 다양한 것을 배웠다. 마코와 노조미는 열심히 메모하고, 오쿠보의 지시대로 수시로 사진과 영상을 찍었다. 신선한 재료를 사용한 단순한 요리가 이렇게나 맛있다니, 믿을 수 없었다. 그중에서도 시칠리아의 햇볕을 듬뿍 받은 토마토로 만든 소스와 마늘이 잔뜩 들어간 새빨간 피자는 최고였다.

"우와, 이거 진짜 빨갛네요. 맛있어 보여요."

마코가 덥석 베어 물자, 입안이 얼얼했다.

"하, 매워!"

레이가 싱글벙글 웃으며 그녀를 바라보았다.

"그래도 마늘이 알싸하니 맛있죠? 너무 매우면 이렇게 하면 돼요."

레이는 피자 위에 반숙란을 깨고는 노련하게 으깼다.

"이렇게 계란을 바르면 좀 순해지거든요."

노조미는 반숙란을 떨어뜨린 뒤 먹었다.

"아, 이렇게 하니 정말 괜찮은데요."

"노조미, 너무하다. 매운 것도 먹어봐."

"마코, 이 피자도 새빨간 게 꼭 태양 같다."

"진짜. 반숙란 노른자도 태양 같네."

마코는 다시 아이디어가 탁 떠오른 듯 메모를 하면서 피자 사진을 연달아 찍었다.

"그럼 이제 디저트를 먹어볼까요? 이것 좀 먹어봐요."

레이가 오렌지색 과일 같은 것을 하얀 접시에 담아 가져왔다.

"아, 달다. 맛있는데, 처음 먹어보는 맛이에요. 레이 씨, 이거 뭐예요?"

"뭐 같아요?"

"감도 아니고, 뭐지?"

"이거 선인장 열매예요."

"네? 선인장?"

마코와 노조미가 동시에 외쳤다.

"네. '피코 디 인디아fico d'india'라고 해요. 씨까지 같이 먹어봐요."

"어, 씨까지요?"

정말 작은 씨앗이 콕콕 박혀 있었다.

"네. 시칠리아에서는 다들 그렇게 먹어요. 봐요, 이 오렌지색, 시칠리아의 태양이 기른 색 같지 않아요? 이게 시칠리아의 명물이에요."

"시칠리아의 태양⋯⋯."

여기서 이 말을 듣는 게 몇 번째일까. 이 말에서 마코는 이상한 운명 같은 것을 느꼈다.

"이거 일본에서도 살 수 있나요?"

마코와 노조미가 동시에 물었다.

"하하하, 두 사람 사이 좋네요. 내가 아는 사람이 수출하고 있으니까 살 수 있을 거예요. 가격은 좀 나가겠지만."

마코와 노조미는 똑같은 생각을 하고 있었다. 마코는 레이가 가져오는 다양한 요리의 레시피와 시칠리아의 생활 등을 열심히 기록했다.

드디어 내일이면 일본으로 돌아가는 날이었다. 레이는 "오늘은 마지막 날이니까, 좀 다른 걸 해볼까요?" 하고 신기한 색의 액체를 가져왔다. 짙은 보라색이었다. 그리고 빵을 그 액체에 적시더니 "자" 하고 마코에게 건넸다.

"이번에는 매운 거 아니겠죠?" 레이가 웃으면서 그렇다고 대답했다.

"맛있어요. 이거⋯⋯ 포도 맞죠!"

"정답!"

레이가 고개를 끄덕였다.

"나도 나도!"

노조미도 빵을 액체에 찍어 베어 물었다.

"이거, 포도즙을 졸인 건가요?"

"역시! 이건 빈코토Vincotto라고 하는데 '졸인 와인'이란 뜻이에요. 간식 대용으로 괜찮죠. 여기에 와인을 더 넣어도 맛있어요."

레이가 자신 있게 설명했다.

비록 며칠이긴 했지만 레이의 안내 덕분에 두 사람은 아주 알찬 시간을 보냈다. 하지만 기요카와와의 대결이 3주 후로 바짝 다가온 탓에, 마코는 여운에 젖을 틈도 없이 귀국행 비행기에서도 기획서를 쓰느라 정신이 없었다. 그래도 거침없이 기획서를 써 내려가 금방 마무리됐다. 지금까지 고민할 만큼 했다고 생각했는데, 그게 얼마나 '탁상공론'이었는지를 깨달았다. 옆에 앉은 노조미와 이야기를 주고받으니 그렇게 머리를 쥐어뜯어도 나오지 않던 아이디어가 마법처럼 솟아났다. 오쿠보가 노조미의 동행을 선뜻 허락한 것도 그런 연유였을까.

'그래, 이게 마사루 선배가 말하고 싶었던 거야. 이탈리아를

모르고서 이탈리안 레스토랑을 논하지 말라. 너무 당연한 말이었어.'

마코와 노조미는 귀국하자마자 비행기 안에서 완성한 기획서 수정안을 조심스럽게 오쿠보에게 설명했다. 기획서 초안을 단박에 퇴짜 맞은 게 불과 한 달 전이었다. 디지털 사진과 비디오 동영상을 곁들이면서 마코와 노조미는 최선을 다해 설명했다.

설명을 다 듣고 난 오쿠보는 담백하게 대답했다.

"좋은데요?"

"네?!"

마코는 자기도 모르게 소리를 빽 질렀다. 오쿠보가 이렇게 쉽게 승인할 줄이야.

"뭘 그렇게 놀라요. 좋다는데. 지금 이 내용을 잘 다듬어서 사장님께 프레젠테이션 해봅시다."

맥 빠지는 반응이었지만, 오쿠보가 좋다고 했으니 분명 괜찮을 것이었다.

"누가 하나요?"

"두 사람이 결정해요. 둘이 낸 기획안이니까, 마지막까지 책임지고 잘해봐요."

각오는 하고 있었지만, 오쿠보의 말을 들으니 두 사람은 끝까지 해내겠다는 의지가 더 굳건해졌다.

일이 이렇게 되자 마사루의 도움이 절실했다. 바쁘다며 떨떠름해하는 마사루를 겨우 설득해 다시 한번 리스토란테 이탈리아노에서 작전회의를 했다.

"두 사람 다 이탈리아 출장 다녀오느라 수고 많았어. 재밌었어?"

"선배가 왜 이탈리아에 다녀오라고 했는지 이유를 알았어."

마코의 말에 마사루가 가볍게 고개를 끄덕였다. 마코가 보낸 메일을 통해 기획안의 대략적인 개요는 파악하고 있었다. 마코는 마사루에게 보낸 차트 한 장을 테이블 위에 꺼냈다. 이 차트를 바탕으로 마코와 노조미는 시칠리아에서 본 것과 생각한 것, 레이에게 배운 것 등을 마사루에게 설명했다.

"방향성은 괜찮네. 세부 사항은 차치하고 베네피트, 타깃, 차별화도 이 흐름대로라면 될 것 같아. 이런 메뉴는 흔하지 않으니까 차별화할 수 있을 거야. 나는 재밌을 것 같아. 다만 이 내용만으로는 기획안이 될 수 없어. 일단 구체적이지 않고, 매력도 잘 전달되지 않아."

마사루가 말을 마치자 마코가 종이 몇 장을 꺼냈다.

"일단 아이디어를 적어왔어."

일 솔레 시칠리아노 기획 개요

✧ 제공하는 가치, 베네피트

- 업무 고민은 잊고 재충전

- 도심 속의 오아시스, 느긋하게 흐르는 시간

- 시칠리아 태양의 에너지로 건강한 기운을 충전

✧ 타깃

- 점심 : 20대 후반의 여성을 중심으로 한 직장인

- 오후 : 주부, 생활이 여유로운 중년 여성

- 저녁 : 20대 후반 여성을 중심으로 한 직장인 단체

✧ 차별화

- 상품 축 : 시칠리아에 특화한 요리, 다른 가게에는 없는 독특한 메뉴

- 밀착 축 : 직원의 밝고 쾌활한 응대

일 솔레 시칠리아노 아이디어

- 매장명은 '일 솔레 시칠리아노'. 시칠리아의 태양이라는 뜻. 도심에서 벗어나 자연 안에서 눈부시게 쏟아지는 햇살을 받으며 활기를 되찾기를 바란다는 소망을 담았다.

- 태양을 이미지화한 '피자 델 솔레(태양의 피자)'를 대표 메뉴로 내세운다. 시칠리아의 자연산 토마토소스의 빨강과 페페론치노 오일의 매콤함이 시칠리아의 뜨거운 태양을 연상시킨다. 피자 위에 반숙란을 깨서 바르는 연출로 고객을 즐겁게 한다.

- 매장에 햇살이 잘 든다는 점을 활용해서 낮 시간대에는 햇빛을 그대로 들인다. 테라스석도 전면 활용한다. 자연의 느낌을 내기 위해 녹색 식물 등을 배치한다.

- 여유로운 주부를 대상으로 한 오후 한정 메뉴로 졸인 와인에 빵을 찍어 먹는 '빈코토'를 준비한다. 또 시칠리아산 오렌지를 눈앞에서 직접 짜 주스로 만드는 연출을 한다.

- 저녁 한정 디저트로 선인장 열매를 제공한다.

- 판촉으로는 쿠폰을 준비해 열 장을 모으면 점심 식사 1회 무료권을 제공한다. 그리고 또……

마사루는 파워포인트 출력물 대여섯 장을 팔랑팔랑 넘기더니 말했다.

"자, 이제 마지막 수업이야. 그동안 마케팅은 고객에게 가치를 제공하는 것이라고 수없이 말했지. 그리고 사람마다 원하는 가치가 다르니까 대상을 좁혀야 한다고 했고. 그게 타깃과 세그먼테이션이야. 그런 의미에서 '20대 후반의 직장인 여성에게 활기를 되찾아준다'라는 가치 제공은 이해가 돼. 이 매장의 입지에도 맞아떨어지고. 확실히 20대 후반 여성은 고민이 많겠지. 마코와 노조미 씨 경험에서 우러나온 만큼 설득력도 있고."

마사루는 기요카와가 있어야 할 주방을 힐끗 쳐다보았다. 이 베네피트를 떠올린 동기를 간파당한 마코와 노조미는 쓴웃음을 지었다.

"상품 축과 밀착 축으로 차별화하겠다는 것도 괜찮아 보여. 체인화할 때 조금 문제가 있겠지만, 현시점에서는 이 매장을 살리는 게 먼저니까."

노조미는 이 말을 가볍게 흘려 넘겼다.

"그리고 구체적으로 어떻게 해야 하는가가 4P야. '제품과 서비스', '광고와 판촉', '판로와 채널', '가격', 이 네 가지가 실제 마케팅 현장을 구성하는 요소지. 4P를 통해 독자적인 가치를 제공할 수 있게 되는 거야."

"지당하신 말씀입니다."

마코가 가볍게 말했다.

"정말 그런 것 같아? 그럼 마코의 이 아이디어를 봐봐."

마사루는 건네받은 출력물을 마코에게 돌려주었다. 훑어보던 마코의 얼굴이 점점 빨개졌다.

"확실히 4P가 따로따로 흩어져서 정리가 안 됐네. 판촉은 쿠폰을 생각했지만, 광고 부분은 아예 빠져 있고……."

"그렇지? 마케팅이라는 건 당연한 일투성이야. 마코가 모르는 건 없어. 4P도 당연한 거야. 다만 '알고 있는 것'과 '할 수 있는 것'은 완전히 별개의 문제야. 그리고 더 중요한 건 일관성을 유지하면서 독자석인 가치를 제공하는 거지. 마코, 여기 적어놓은 점심 식사권은 왜 주는 거야?"

"그야 한 번 더 방문하라고."

마코가 아무런 의문을 품지 않고 대답했다. 노조미도 마사루가 왜 그런 질문을 하는지 의아하다는 표정이었다. 이탈리안 레스토랑에서는 흔히 하는 판촉 행사다.

"아니, 그 부분이 아니고. 왜 '무료' 식사권인 거냐고."

"왜냐니……."

"이건 실질적인 할인이야. 가격으로 승부하는 건 간편 축의 전형적인 수단이잖아. 상품을 축으로 차별화하고 싶은 거 아니었어?"

"아! 그래, 차별화 전략이랑 일치하지 않네."

"쿠폰도 괜찮아. 실행하기 편하니까. 단, 쿠폰 내용은 다시 생각해봐. 무료로 그냥 제공하는 건 안 돼."

"……그럼, 쿠폰 다섯 장을 모으면 선인장 열매 디저트를 제 공한다는 식으로 하면 어떨까?"

"그런 거라면 상품 축과 일관성이 있지. 거기다 디저트 샘플링 도 되고. 먹어보고 맛있으면 다음에는 돈을 내고 사 먹을 수도 있을 테니까."

마사루는 아무렇지도 않다는 듯 말했지만 마코와 노조미는 내심 감동했다. 그 방법이라면 할인할 필요도 없고 시그니처 메 뉴 홍보도 된다. 새삼 마케팅의 심오함을 깨달은 느낌이었다. 단 순한 할인만으로는 일관된 가치를 제공할 수 없다. 차별화 전략 의 축이 모든 것을 결정한다는 사실을 다시금 실감했다.

"디테일에 답이 있어. 덧붙이자면 고객은 눈에 보이는 것만으 로 판단해. 그러니까 고객의 시야에 들어오는 건 전부 철저하게 신경 써야 해. 메뉴판도 마찬가지야."

"메뉴판도?"

"여기 반숙란을 깨서 바른다는 '피자 델 솔레' 말이야, 아이디 어는 좋아. '시칠리아의 태양'이라는 가게 이름하고도 맞아떨어 지고, 상품 축에 어울리는 재미있는 연출이야. 그런데 처음 방문 한 고객은 글로만 봐서는 어떤 음식인지 이해하지 못할 것 같은 데?"

"메뉴판에 피자 사진을 실으라는 말이야?"

"꼭 그런 건 아니야. 그렇게 하면 속임수를 알아차린 마술처럼 재미가 없으니까. 메뉴에 짧은 문구를 추가하든가, 그런 부분까지 생각해보라는 거야."

　이야기를 들으면서 노조미는 리스토란테 이탈리아노의 메뉴판을 다시 살펴봤다. 음식 이름만 단조롭게 나열되어 있었다. 최선을 다했다 생각했지만 새삼 마사루의 지적을 듣고 나니 개선해야 할 부분이 끝도 없는 것 같아 간담이 서늘해졌다. 인테리어는 이 상태로 괜찮은 걸까? 직원 유니폼은? 식탁보 색깔은? 노조미는 지금까지 자신의 눈에 보이지 않았던 것들이 눈에 띄기 시작했다. '고객의 시야에 들어오는 건 완벽을 다하라'라는 말이 머릿속에 울려 퍼졌다.

　"마지막으로 말할게. 프레젠테이션도 마케팅이니까 자료로 찍어 온 사진을 넣든 실제 메뉴를 시식해볼 수 있게 하든, 나중에 후회하지 않게 할 수 있는 건 전부 해봐. 그러면 나도 내일 프레젠테이션이 있어서 오늘은 이만 사무실로 들어가볼게. 아쉽지만 디저트를 맛볼 여유도 없네. 마코, 어떤 사람이 이긴다고?"

　"가장 간절한 사람!"

　"그래. 다만 상대를 꺾는 게 아니야. '고객이 원하는 가치'를 중요시하면 자연스레 '승리'로 이어지는 거지. 중요한 건 마코랑 노조미 씨의 고객을 향한 진심이야. 최선을 다해 진심을 전달해봐."

마사루는 손목시계를 흘끗 보더니 "으앗, 벌써 시간이" 하고 중얼거리고는 황급히 일어섰다. "마사루 선배, 진짜 고마워! 고마워요."

마코와 노조미가 엉거주춤 일어서서 말하자 마사루가 덧붙였다.

"그리고 말이야, 일 솔레 시칠리아노라는 매장명은 좀 기니까 '솔레 시칠리아노'로 하는 건 어때? 어감도 괜찮고. 글씨도 귀엽게 쓰면 타깃과도 어울리고."

마사루는 싱긋 웃고는 서둘러 가게를 빠져나갔다.

마코와 노조미, 오쿠보는 미팅에 미팅을 거듭하며 치밀하게 준비해나갔다. 프레젠테이션 이틀 전, 마침내 모든 준비가 끝났다. 경험이 풍부한 오쿠보는 프레젠테이션에 이것저것 장치를 심어놨다. 여행사 가이드 출신이라 사람들 앞에서 말하는 데는 이력이 난 마코지만, 오쿠보의 지도 아래 작은 것 하나도 놓치지 않도록 반복해서 연습했다.

"할 수 있는 건 다 했다."

프레젠테이션 전날 밤, 마코는 일찍 침대에 누웠지만 좀처럼 잠을 이루지 못했다. 머릿속으로 끊임없이 시뮬레이션을 거듭하다 동이 틀 무렵에야 겨우 눈을 붙였다.

CHAPTER 5

탁월한 전략은
물 흐르듯
자연스럽다

도쿄디즈니리조트의
수익모델

마케팅의 본질은 지금까지 거듭 이야기한 것처럼, 고객에게 가치를 제공하고 그 대가를 받는 것이다. 모든 일이 그렇듯 본질은 단순하다. 그러나 말하기는 쉬워도 실천하기는 어려운 것인지도 모른다. 그 점은 마케팅도 마찬가지다.

가치를 제공하는 것은 고객의 마음만 헤아린다면 어떤 의미에서는 간단한 일이다(우리가 고객으로서 느끼는 불만이 많은 걸 보면, 그렇게 하지 못하는 회사가 많은 것 같긴 하지만). 정말로 어려운 것은 B2C(기업과 소비자 간 거래)에서는 고객의 지갑을 열어 돈을 받는 것, B2B(기업 간 거래)에서는 청구서를 받는, 즉 대가를 받는 일이다.

이렇게 '가치를 제공하고 대가를 받는' 프로세스를 지극히 높은 수준으로 실현한 모델이 우리가 잘 아는 도쿄디즈니리조트

(TDR)다. 따로 설명할 것도 없이 도쿄디즈니리조트는 지바현 우라야스시浦安市에 있는 테마파크로, 디즈니랜드와 디즈니시 DisneySea를 일컫는다. 그럼 TDR을 지금까지 네 장에 걸쳐 설명한 '베네피트', '세그먼테이션과 타깃', '차별화', '4P'의 순서대로 파헤쳐보자. 수치와 자료는 TDR의 운영사인 오리엔탈랜드의 연차보고서Annual Report를 참고했다.

베네피트

베네피트에는 기능적 베네피트와 정서적 베네피트가 있다고 1장에서 설명했다. TDR이 주로 제공하는 것은 정서적 베네피트다. 한마디로 '꿈꾸듯 즐거운 시간'을 제공한다. 별세계에 온 것 같은 황홀함이 TDR이 제공하는 가치다. 티끌 하나 없이 깨끗한 공간, 스릴 넘치는 탈것들, 느긋하게 즐길 수 있는 놀이기구, 철저히 계산된 이벤트, 훌륭한 서비스의 음식점 등 방문객을 즐겁게 만들어주는 갖가지 장치가 마련되어 있다.

TDR에 혼자 오는 사람은 드물다. 대부분은 가족, 커플, 친구 등 여러 명이 무리 지어 온다. TDR이 팔고 있는 것은 입장권일지도 모르지만, 진짜로 파는 것은 '즐거운 시간'과 '멋진 추억'인 셈이다. 사실 나도 대학 시절 동아리 친구들과 방문했던 일을 20년이 지난 지금까지 기억하고 있다. 그 정도로 강렬한 체험이었다.

세그먼테이션과 타깃

그렇다면 TDR의 타깃은 누구일까? 사실 1년에 2,477만 명이나 방문하는 만큼 그렇게 많이 압축하지는 않았겠지만, 연령대별로 보면 그 특징을 분명히 알 수 있다. 일본인 총인구 중 17세 이하가 차지하는 비율은 14퍼센트인데, TDR 방문객 중 17세 이하가 차지하는 비율은 33퍼센트로 전체의 3분의 1이다. 확실히 아이들이 많다. 거기다 20퍼센트는 4~11세이므로 분명 부모나 어른과 함께 올 것이다. 즉, TDR의 주 방문객은 가족이라는 것을 숫자로 추론할 수 있다. 단순 계산이지만 아이 둘에 부모 둘이 온다고 가정하면, 아이 33퍼센트와 어른 33퍼센트가 되므로 대부분 가족 단위로 온다는 말이 된다. 이 부분은 우리의 경험을 돌아봐도 이해가 될 것이다. 실제로 관찰해보면 젊은 커플이나 여자끼리 온 무리도 눈에 띄지만, 숫자상으로 본 주 방문객은 역시 가족이다.

베네피트에 맞춰서 생각하면 TDR은 '가족이 다 같이 즐거운 시간을 보내고 추억을 쌓는 가치'를 제공하고 있는 것이다.

차별화

TDR 이외에도 즐거움이라는 가치를 제공하는 곳, 즉 경쟁업체는 다수 존재한다. 테마파크로 범위를 좁혀도 도쿄 23구 내에는 도시마엔, 도쿄돔시티, 난자타운 등이 있는데, 도쿄 도내에서

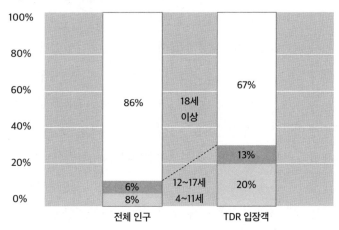

✦ **도쿄디즈니리조트 입장객 비율**

100%

80%

60%

40%

20%

0%

	전체 인구		TDR 입장객
18세 이상	86%		67%
12~17세	6%		13%
4~11세	8%		20%

2006 연차보고서의 숫자를 저자가 가공

간다면 이쪽이 더 편리하다. 또 도쿄돔시티는 입장료가 무료라 '간편 축'에서는 TDR보다 우위에 있을 것이다.

이에 반해 TDR은 '상품 축'에서 차별화한다. 역동적인 놀이기구, 이벤트, 서비스 부분에서 최고 수준의 가치를 제공하는 것이다. 짜릿한 스릴을 느끼게 해주는 탈것만 놓고 보자면 도시마엔이나 도쿄돔시티, 후지큐 하이랜드 쪽이 더 대단할지 모르지만, 음식 등 다른 부분까지 포함한 테마파크 전체의 품질로 따지면 TDR이 우위에 있다고 볼 수 있다. 연간 2,477만 명이 찾는 압도적 1위의 테마파크가 된 이유가 여기에 있다(참고로 2위는 유니버셜 스튜디오 재팬으로 연간 810만 명).

4P로 보는
도쿄디즈니리조트

그렇다면 TDR이 그 큰 가치를 어떻게 제공하고 있는지, 4P로 가치와 차별화를 실현하는 과정을 살펴보자.

제품과 서비스

우선 TDR의 제품과 서비스를 보자. 테마파크는 놀이기구, 이벤트, 음식점, 기념품점이 '상품'이다. 탈것부터 보면 2006년 디즈니시에 신설된 '타워 오브 테러'와 같이 등골을 서늘하게 만드는 것에서부터 동심을 자극하는 아기자기한 것까지 다양하게 갖추고 있다. 내부 장식에도 공을 들였는데, 탈것이나 놀이시설 자체뿐만 아니라 테마파크 고유의 독자적 세계관까지 더해져 즐거움을 준다.

이벤트로는 야간에 펼쳐지는 일렉트릭 퍼레이드 공연이 대표적인데, 이런 환상적인 이벤트가 시기별로 다르게 진행된다. 이것은 다른 테마파크에서는 보기 드문 TDR만의 강력한 차별화 포인트다. 또 탈것이나 놀이시설은 쉽게 신설하기 어려운데, 이벤트는 몇 개월마다 변화를 주면서 늘 참신함을 유지할 수 있으니 재방문을 유도하는 하나의 요인이 된다.

음식점의 품질도 훌륭하다. 간단하게 즐길 수 있는 카페나 패스트푸드부터 제대로 된 레스토랑까지 메뉴 선택의 폭이 넓다. 또 파크 내의 청결도가 매우 높은데, 바닥에 쓰레기가 떨어지면 그 즉시 청소한다.

또한 미키마우스 같은 캐릭터도 TDR의 상품이다. 다른 테마 파크에서는 미키마우스를 볼 수 없으니 이것도 강력한 차별화 포인트로 작용한다. 언젠가 내가 파크를 어슬렁거리고 있는데 갑자기 근처에서 미키마우스가 나타났다. 그 순간 레스토랑에서 이야기를 나누던 사람들까지 미키마우스를 찍으려고 카메라를 들고 달려 나왔다. 미키마우스의 가치가 그만큼 높은 것이다.

광고와 판촉

일본인 중에 TDR을 모르는 사람은 드물 것이므로 인지형 광고를 할 필요는 없다. 다만 새로운 놀이시설이 생겼거나 크리스마스 시즌에는 역시 TV 광고를 흘려보내 방문을 유도한다. 또는 오락프로그램이나 잡지 등에 종종 TDR 특집을 꾸리기도 한다.

판로

TDR의 판로는 테마파크 그 자체다. 여행사에서도 티켓을 판매하니 그것도 판로가 될 수 있지만, 도쿄디즈니리조트에서의 경험은 '물건'과는 달리 멀리까지 전달할 수 없다. TDR에 가지 않으면 경험할 수 없다는 의미에서 다른 곳에서는 '살 수 없는'

것이다. 그러므로 소비지의 중심인 도쿄에서 가까운 지바현 우라야스시에 자리를 잡고 있다.

가격

지금까지 마케팅의 본질은 '가치를 제공하고 대가를 받는 것'이라고 역설해왔다. 가치 제공의 핵심은 제품과 서비스고, 대가 수취의 핵심은 바로 가격이다. 예컨대 TDR에 입장하려면 입장권이 필요한데, 18세 이상의 성인 일일 입장권 가격은 약 7,900~8,900엔(2023년 평일 기준)이다. 이것이 TDR이 제공하는 가치의 '대가'다.

어떻게
대가를 받을 것인가

그렇다면 TDR이 대가를 받는 구조를 더 자세히 들여다보자. '대가를 받는 구조'란 구체적으로는 '어디서 돈을 받는가'이다. 즉, 고객인 우리의 관점에서 보면 '무엇에 돈을 쓸까'를 뜻한다.

일단 하루 종일 놀이기구를 마음껏 이용하고, 이벤트를 마음껏 관람할 수 있는 '패스포트(자유이용권)'로 돈을 건다. 이것이 비싸냐 싸냐는 사람마다 다르겠지만, 적어도 연간 약 2,500만 명(TDR의 연간 입장객 수)은 그 티켓의 가치를 인정하고 대가를 지불하고 있다.

다음은 기념품이다. 테마파크 안에는 곳곳에 기념품점이 있고, 캐릭터가 그려진 각종 상품을 팔고 있다. 그다음은 음식이다. TDR은 워낙 넓다 보니 걸어 다니다 보면 지쳐서 배도 고프고 목도 마르다. 그 욕구를 채워주기 위해 파크 안에는 수많은 레스토랑과 카페가 있다. 벤치도 많은데, 벤치에서 눈길이 미치는 범위에는 '반드시' 주스나 아이스크림, 간식 등을 파는 판매대가 있다.

TDR은 이렇게 티켓 수입 외에도 기념품이나 음식 등 다양한 곳에서 수입을 거두도록 구조를 짜놨다. TDR의 운영사인 오리엔탈랜드의 공개자료를 살펴보면, 구체적인 매출 구성은 입장권이 44퍼센트, 기념품이 34퍼센트, 식음료가 22퍼센트를 차지했다. 실제로 입장권 수입은 44퍼센트로 매출의 절반에도 미치지 못한다. 나머지를 기념품과 음식 판매로 벌어들이고 있는 것이다.

이 수치를 보고 나면 TDR의 다양한 장치가 유기적으로 연결되기 시작한다. 일단 예전에는 놀이기구를 타기 위해서 회수권 같은 이용권이 필요했는데, 이제는 무제한 탈 수 있는 패스포트만 있으면 된다. 그 덕분에 입장객은 부담 없이 오래 머무를 수 있게 되었고, 체류 시간이 길어지자 식사 수요가 발생해 음식에 돈을 쓰게 됐다.

TDR의 평균 체류 시간은 무려 8.4시간에 이른다. 상당히 긴 시간이다. 여덟 시간 동안 머무르면 적어도 식사를 두 번은 할 것이다. 또 일렉트릭 퍼레이드와 같은 이벤트는 밤에 진행하니, 점심 식사는 핫도그에 콜라로 괜찮았을지 모르지만 저녁 식사는 든든하게 먹고 싶을 것이다. 그런 고객을 위해 객단가 수천 엔의 고급 레스토랑도 준비해놨다.

놀이기구를 타기 위해 비용을 지불하는 데는 거부감이 들 수 있지만, 식사할 때는 누구나 당연하다는 듯 지갑을 연다. 놀이기구는 한번 설비 투자를 하면 변동비는 그다지 크게 들지 않는다. 놀이기구를 마음껏 탈 수 있게 해서 체류 시간을 늘린 후 음식이나 기념품 판매로 대가를 받는 셈이다.

혼잡한 어트랙션에는 '패스트패스'라는 이용권을 추가로 마련해놨다. 패스트패스를 받아 지정된 시간에 가면 줄을 서지 않고도 놀이기구를 탈 수 있다. 그런데 패스트패스를 받은 다음에는 얼마간 다른 놀이기구의 패스트패스를 받지 못하기 때문에, 그 사이에는 다른 놀이기구에 줄을 서든지 차를 마시면서 기다려야 한다. 자연스럽게 음료나 케이크로 또 음식 수요가 발생한다.

기념품점에 들어간다면 기념품 수요가 발생한다. 게다가 화려한 조명으로 장식한 일렉트릭 퍼레이드는 밤에 진행되므로 멀리서 오는 사람들을 위주로 공식 호텔의 숙박 수요가 또 발생한다.

이처럼 TDR은 이곳저곳에 대가를 거두는 장치를 심어놨다. 사실 놀이기구는 전체 시설의 3분의 1이고, 나머지 3분의 2는 기념품점과 음식점이다. 이렇게 보면 TDR은 테마파크라기보다는 거대한 쇼핑센터에 더 가깝다고 할 수 있을 것이다. 그렇게 한 명의 고객이 하루에 쓰는 비용은 족히 1만 2,000엔이 넘는다. 가족 넷이 가면 4만 엔이 훌쩍 넘는 비용이지만, 그럼에도 불구하고 연간 약 2,500만 명이 방문한다는 것은 그만큼 대단한 가치를 제공하고 있다는 명백한 증거일 터다.

이미 다양한 책에서 TDR을 분석하고 있지만, TDR의 가장 훌륭한 점은 바로 이 '대가를 받는 전략'이라는 마케팅 이론을 철두철미하게 실행하고 있다는 점이다.

중요한 것은
전략의 아름다운 흐름

정리하면 TDR은 제공하는 가치(베네피트)와 타깃으로 삼은 고객 세그먼트, 뛰어난 가치 제공을 통해 완성된 차별화, 가치를 실현하는 4P가 모두 상호보완하며 아름답게 균형을 이루고 있다는 것을 알 수 있다. 그리고 그것들이 하나가 되어서 '가치를 제공하고 대가를 받는다'는 마케팅의 본질을 구현하고 있다.

TDR을 방문할 기회가 있다면 즐거운 시간을 보내면서 지금까지 배운 내용을 바탕으로 TDR을 관찰해보자. 그러면 다양한 마케팅 요소를 발견할 수 있을 것이다.

훌륭한 마케팅을 펼치는 회사는 이렇게 베네피트, 타깃, 차별화, 4P로 이어지는 전략의 흐름이 아주 아름답다. 강한 전략은 아름다운 법이다.

TDR은 상품을 축으로 차별화한 예인데, 광우병 파동 전에는 소고기덮밥 체인점 요시노야도 전략의 흐름이 아주 매끄러웠다. 요시노야는 '빠르고 맛있고 싸다'라는 간편 축의 가치를 제공해서, 점심 식비를 절약하고 싶은 바쁜 직장인을 타깃으로 삼았다. 요시노야의 차별화 포인트는 역시 '빠르고 맛있고 싸다'다. 4P 요소를 살펴보면 '빨리 나오면서도 적당히 맛있는 소고기덮밥'이라는 제품, 광고는 저가격을 유지하기 위해 TV 광고를 거의 하지 않고 매장 자체를 광고탑으로 사용한다. 판로는 교통 환경이 좋은 역 앞에 자리한 많은 점포, 그리고 저렴한 가격, 이 모든 것이 아름답게 일관되어 있다.

회계와 달리 마케팅에서는 '정답'과 '오답'을 구분하기가 어렵다. 그러나 베네피트, 타깃, 차별화, 4P의 일관성이 없다면 그것은 '오답'이다. 즉, 팔리지 않는다. 각각의 요소도 중요하지만, 그보다 더 중요한 것은 각 요소가 일관성을 유지하면서 물 흐르듯 아름답게 흐르는 것이다.

프레젠테이션은 평일 오후 3시부터 리스토란테 이탈리아노에서 진행하기로 했다. 프레젠테이션을 사내에서 하지 않고 매장에서 진행하는 것은 이례적인 일이었지만, 히로오카 사장은 마코의 제안을 순순히 받아들였다. 매장에 도착한 마코는 노조미에게 에스프레소를 부탁했고 각성제 대신 꿀꺽 마셨다. 이윽고 히로오카 사장을 포함한 이사진 일곱 명도 매장에 도착해 자리에 앉았다.

먼저 기요카와 점장 대리, 즉 주방팀이 프레젠테이션을 시작했다.

"저희는 무엇보다 메뉴를 개선하는 것이 핵심이라고 생각합니다. 지금까지 실패한 원인은 본사 기획팀이 고안한 메뉴를 그대로 만들었기 때문입니다."

기요카와는 오쿠보와 마코를 힐끗 보면서 말했다. 마코가 일어서서 반론하려고 하자 오쿠보가 황급히 저지했다.

"일단 맛을 봐주십시오."

기요카와는 갖가지 호화로운 메뉴를 내왔다. 참다랑어 카르파초carpaccio[*]로 시작해 송로버섯 리소토, 장어 아쿠아 파차 acqua pazza[**], 로즈마리 향을 더한 마쓰사카규松坂牛[***]구이 등 어딘가 있을 것 같긴 하지만 실제로 접하기는 힘든 메뉴를 늘어놓았다.

이사들의 입에서는 감탄사가 쏟아졌다.

"장어와 토마토라니, 어울리지 않을 것 같은데 잘 어울리는군. 맛있어."

"역시 소는 와규지."

히로오카 사장은 묵묵히 음식을 입에 넣고 있었다. 디저트로 생크림을 듬뿍 얹은 가토 쇼콜라가 나오자, 또다시 여기저기서 칭찬이 터져 나왔다. 그러나 히로오카 사장은 조용히 한입 떠먹고 나서 "가토 쇼콜라는 프랑스 요리 아닌가?" 하고 중얼거렸다.

---

[*] 날생선이나 날고기에 소스를 뿌린 전채 요리
[**] 마늘과 토마토로 맛을 낸 찜 요리
[***] 일본의 3대 소고기 중 하나

이제 드디어 마코와 노조미의 차례였다. "가장 간절한 사람이 이긴다." 마코는 자기 자신에게 말하듯 작게 속삭이고는 노조미에게 눈짓했다.

"솔레 시칠리아노에 오신 걸 환영합니다!"

노조미가 매장 전체를 울리는 쩌렁쩌렁한 목소리로 외쳤다.

"저희는 고객에게 건강한 에너지를 선사하고 싶습니다."

마코가 곧장 첫 발언을 시작했다. 그리고 매장의 흰 벽에는 선명하지는 않지만 홀에서 즐겁게 식사하는 사람들의 모습을 담은 영상이 프로젝터를 통해 비춰졌다.

"저는 매장을 방문한 고객에게 설문조사를 실시했습니다."

마코가 기요카와를 힐끗 쳐다보며 말을 이었다.

"이 매장을 찾은 이유를 읽어드리겠습니다. '음식이 맛있다'."

마코가 기요카와를 비롯한 주방팀을 향해 꾸벅 고개를 숙였다. 기요카와는 놀란 기색을 비쳤다.

"직원들이 밝다."

마코가 노조미를 비롯한 홀 직원들에게 꾸벅 고개를 숙이자 직원들이 미소로 화답했다.

"이 매장에는 아직 희망이 있습니다."

히로오카의 눈을 똑바로 보며 마코가 힘 있게 말했다.

"단, 부족한 부분이 있었습니다. 바로 고객이 원하는 '가치'입니다."

마코가 다시 설문조사를 인용하기 시작했다.

"'햇볕을 쬐니 건강해지는 기분이 든다', '음악이 밝아서 신이 난다', 오히려 이런 대답이 많았습니다."

마코가 몇 초 간격을 두고는 목청을 높여 선언했다.

"고객은 우리 매장에 배만 채우려고 온 게 아니었습니다. 즐거움을 마시고, 건강한 기운을 먹기 위해 왔습니다. 우리는 고객에게 독자적인 가치를 제공하고, 그 마음에 최선을 다해 응답해야 합니다!"

"그렇지!"

오쿠보가 박수를 쳤다. 기요카와가 오쿠보를 흘겨보자 오쿠보는 혀를 날름 내밀었다.

"우리 매장의 새로운 이름은 '솔레 시칠리아노'. 시칠리아의 태양이라는 뜻입니다. 눈부시게 쏟아지는 햇빛으로 고객에게 건강한 에너지를 선사할 것입니다."

마코의 목소리를 신호로, 태양을 이미지화한 빨간 티셔츠와 노란 바지를 입은 홀 직원이 등장하더니 커튼과 블라인드를 일제히 걷어 올렸다. 매장은 순식간에 햇빛으로 가득 찼다. 햇살이 잘 드는 입지를 활용한 전략이었다. 이사들은 어리둥절한 분위기였다.

이번에는 매장의 일부만 어둡게 만든 뒤, 마코와 노조미가 이탈리아에서 촬영한 시칠리아의 푸른 하늘 동영상을 스크린에 띄웠다. 히로오카 사장은 흥미롭게 보고 있었지만, 다른 이사들은 이런 연출에 익숙하지 않은지 표정이 굳어 있다.

"아하하하, '솔레 시칠리아노'라고? 시칠리아를 쏘란 말이야? 나 같은 아저씨도 까먹지 않는 이름인데?"

오쿠보가 웃으면서 말하자 이사진 쪽에서도 피식 웃음소리가 났다. 이사들의 경직된 분위기를 간파한 오쿠보의 절묘한 어시스트였다. 대본에도 없는 오쿠보의 대사에 내심 철렁했던 마코는 싱긋 웃으며 말을 이어갔다.

"저희는 맛으로는 분명 기요카와 씨를 이길 수 없겠지만, 시칠리아 요리연구가인 레이 씨에게 배워서 열심히 만들어봤습니다. 그럼 시식해보시죠. 솔레 시칠리아노의 새로운 시그니처 메뉴인 '태양의 피자', 이름하여 '피자 델 솔레'입니다!"

"이번에는 피자를 쏘라고?"

오쿠보가 다시 손뼉을 쳤다. 이번에는 이사들이 큰 소리로 웃음을 터뜨렸다. 이사들의 눈앞에 그야말로 태양을 연상시키는 새빨간 피자가 놓였다.

"벌써 배가 찼는데……."

한 이사가 그렇게 말하면서 피자를 입에 넣더니 황급히 컵을 찾아 물을 벌컥벌컥 마셨다.

"하, 맵다, 땀이 다 나네, 이거."

"그게 바로 시칠리아의 뜨거운 태양 때문에 흐르는 땀입니다!" 하고 말하자 이사진 쪽에서 또다시 웃음소리가 났다. 마코가 노조미에게 눈짓을 보내자 이번에는 노조미가 피자에 반숙란을 얹었다.

"반숙란도 시칠리아의 작은 태양입니다."

마코의 말에 노조미가 달걀을 으깨서 야무지게 피자에 발랐다.

"그럼 다시 드셔보시죠! 실제로 고객 앞에서 이런 연출을 선보일 예정입니다. 연출도 솔레 시칠리아노의 '독자적인 가치' 중 하나입니다!"

히로오카 사장이 "독자적인 가치라……" 하고 중얼거렸다.

앞서 맵다고 한 이사가 "이번에는 잘 좀 부탁해. 내가 매운 건 못 먹어서 말이지" 하면서 반숙란을 흘리지 않게 조심하면서 피자를 한입 먹었다. "오, 이거 괜찮네. 매콤함과 달걀이 만나니…… 이 정도면 나도 먹을 수 있겠어."

"저희가 주메뉴로 준비한 건 여기까지입니다만, 이 밖에도 시칠리아의 명물인 청새치구이 등 다양한 요리를 개발하고 있습니다."

슬라이드 사진을 통해 레이가 만든 시칠리아 요리가 차례차례 등장했다. 요리연구가가 차린 만큼 담음새도 아름다워서 "저거 한번 먹어보고 싶군" 하는 소리가 이사진 쪽에서 들려왔다.

"그러면 이번에는 시칠리아의 햇살을 받고 자란 신비로운 디저트를 소개하겠습니다."

이사들의 눈앞에 화려한 오렌지빛 열매가 등장했다.

"이건 뭐지?"

히로오카 사장의 눈이 휘둥그레졌다.

"먹는 즐거움입니다. 씨는 같이 드시면 됩니다."

"이건 처음 보는 건데……. 재료가 뭔지 알려주시죠."

마코가 싱긋 웃으며 대답했다.

"바로 선인장 열매입니다."

이사들이 술렁거렸다.

"이게 선인장 열매라고?!"

"여러분의 놀라는 그 얼굴이 이 메뉴가 솔레 시칠리아노의 독자적인 가치라는 명백한 증거입니다. 이것은 '피코 디 인디아'라고 하는데, 시칠리아에서는 흔히 먹는 재료입니다. 오렌지색 과육이 시칠리아의 태양이라는 이미지와 딱 떨어지지 않습니까? 저희가 준비한 식사 메뉴는 여기까지입니다."

"고작 이게 단가?"

한 이사의 아쉬운 듯한 말에 응답하듯 마코가 대답했다.

"이 매장에서 꼬박 사흘간 쭉 지켜보며 깨달은 사실이 있습니다. 마케팅은 사장실이 아니라 바로 이곳에서 일어난다는 것입니다. 마케팅은 고객의 마음속에서 일어나는 것이라고, 어떤 사람이 깨우쳐준 그 사실을 매장에서 온몸으로 느꼈습니다."

"그렇군. 프레젠테이션 무대를 이곳으로 잡은 이유도 그 때문인가 보군."

히로오카 사장은 납득했다.

"이 매장의 문제 중 하나는 오후 시간대의 회전율입니다. 지금이 오후 4시니, 딱 이 시간대입니다. 이 시간대의 회전율을 높이면, 그대로 매출 상승으로 이어질 것입니다. 점심과 저녁 타깃은 직장인 여성이지만, 오후에는 이 근방에 사는 부유한 주부층을 공략하려고 합니다."

기요카와는 아무 말 없이 마코의 프레젠테이션에 귀를 기울이고 있었다. 기요카와는 생각지 못한 관점이었다.

"이를 위해 시칠리아에서 흔히 먹는 '빈코토'라는 메뉴를 추가할 것입니다."

보랏빛 액체가 찰랑거리는 접시와 빵이 나왔다.

"빵을 그 액체에 적셔 드시면 됩니다."

이사들이 흥미로운 듯 빵을 적셔 입에 넣었다.

"이, 이건……, 와인이 들어간 건가?"

마코는 싱긋 미소 지으며 대답했다.

"정답입니다. 근무 중인 직장인은 안 되겠지만, 주부라면 괜찮겠죠. 본고장인 시칠리아에서는 포도즙을 졸여 찍어 먹습니다만, 와인을 추가해보았습니다."

"그런데 이거 맛있네. 계속 들어가겠는데? 리필은 없나?"

이사진 반응이 좋았다. 기요카와가 노조미 쪽으로 다가와 한 입 맛보았다. 말로 하지는 않았지만, 표정이 맛있다고 말하고 있었다.

"그러면 입가심으로 이것도 드셔보시죠. 한산한 오후 시간대를 타파할 메뉴입니다."

노조미가 시칠리아산 오렌지가 담긴 바구니를 들고 나와 이사들의 테이블 앞에서 직접 주스를 짰다.

"진정한 생과일주스입니다. 시칠리아의 햇볕을 받고 자란 자연의 맛을 드셔보십시오!"

기요카와는 넌지시 "저런 게 맛이 없을 수가 있나. 반칙이지" 하고 웅얼거렸다.

"또 태양인가……."

몇 번인가 되풀이된 말에 히로오카 사장이 반응했다. 노조미가 센스 있게 기요카와를 포함한 전 직원에게 주스를 나눠줬다.

"오오, 주스 한 잔에 오렌지가 꽤 많이 들어가는군. 이건 몰랐는데."

즙을 짜낸 오렌지가 산을 이룬 것을 보고 이사가 중얼거렸다.

"이 연출이 점심과 오후 시간대의 객단가 향상으로 이어질 것입니다. 고객 눈앞에서 짜주기 때문에 고객도 오렌지를 아주 넉넉히 사용한다는 것을 알 수 있으므로, 600~700엔의 '가치'는 충분할 것입니다."

히로오카 사장이 고개를 크게 끄덕였다.

"이것도 독자적인 가치인가……."

기요카와는 충격을 받았다. 고객은 오렌지주스 한 잔에 오렌지가 얼마나 들어가는지 모른다. 그러나 눈앞에서 짜는 장면을 보여준다면 그 가치를 체감할 수 있다. '맛만 좋으면 알아서 손님이 찾아온다'라고 믿었던 기요카와는 생각지 못한 발상이었다. '이 녀석, 괜히 큰소리친 게 아니었군.' 기요카와는 마코를 인정할 수밖에 없었다.

"마지막으로 저희가 준비한 마케팅 플랜입니다."

그 말과 함께 스크린에 '타깃' 글자가 적힌 슬라이드가 떴다.

"20대 여성은 우리 매장의 주요 이용자인 동시에, 법인 수요를 올릴 수 있는 회식 장소를 선정하는 중요한 의사결정자이기도 합니다."

"오호. 맞아. 그렇지."

히로오카 사장이 작게 중얼거렸다. 언뜻 보면 겉만 화려한 프레젠테이션 같았지만, 예상외로 깊이 고민한 흔적이 뚜렷했다. 하루아침에 잔재주로 뚝딱 만든 프레젠테이션이 아니라는 것을 히로오카 사장은 알 수 있었다. 이런 기획안을 진정 내 눈앞에 있는, 우리 회사에 들어온 지 몇 개월밖에 안 된 신입사원이 냈 단 말인가……

다음 슬라이드에는 갖가지 아이디어를 담은 메뉴안을 보여주었다. 그리고 이어서 인테리어 방안에는 새빨간 태양을 본뜬 스탠드 조명이 '내가 바로 시칠리아의 태양'이라며 존재감을 뽐내고 있었다. 덧붙여 재방문 고객을 위해 오렌지주스 쿠폰을 제공하는 등의 광고, 판촉 아이디어를 설명했다.

"저희가 제공할 쿠폰은 기존의 단순한 할인 쿠폰과 다릅니다. 다섯 번 방문한 고객에게는 이렇게 갓 짠 시칠리아 오렌지주스를 드릴 겁니다. 우리도 기요카와 팀과 마찬가지로 정정당당하게 맛으로 고객에게 도전하겠습니다. 즉, 이 재방문 쿠폰은 샘플링이기도 합니다. 자신 있는 상품이기 때문에 체험해보게 하는 것입니다."

상품 축으로 차별화하겠다는 원대한 선언이다.

마지막으로 점포 옥외 간판과 인테리어 등을 설명하면서 프레젠테이션을 마쳤다. 긴장이 풀려 쓰러질 것 같은 마코의 귀에 오쿠보가 손뼉 치는 소리가 들렸다.

✦✦✦

프레젠테이션이 끝난 뒤, 히로오카 사장은 잠시 침묵을 지켰다. 마코와 노조미에게는 그것이 아주 긴 시간처럼 느껴졌다. 모든 이의 이목이 히로오카 사장에게 집중되어 있었다.

"여러분은 어떻게 생각합니까?"

히로오카 사장이 이사 한 명 한 명에게 물었다. 히로오카를 제외한 이사 여섯 명은 기요카와를 지지하는 세 명과 마코를 지지하는 세 명으로 정확하게 둘로 갈렸다.

"프레젠테이션은 좋았지만 역시 레스토랑은 맛이다", "아니다, 요즘 젊은 사람들에게는 이쪽이 더 먹힌다" 등의 입씨름이 벌어졌다. 히로오카 사장의 낯빛만 살피던 이사회와는 전혀 다른 광경이 사장의 눈앞에서 펼쳐지고 있었다. 이것이 '현장'에 직접 나온 효과인가.

마지막은 역시 히로오카 사장의 결단이었다. 마음은 이미 정해져 있었다. 모두 사장 쪽을 바라봤다. 히로오카 사장이 작은 목소리로 말문을 열었다.

"기요카와 씨의 요리는 역시 훌륭했습니다."

은연중에 프레젠테이션에 성공했다고 생각한 마코의 얼굴이 새하얘졌다. 기요카와의 요리는 분명 완성도가 높았다. 고가의 재료를 사용했으니 어찌 보면 당연한 결과이긴 하지만, 그의 솜

씨인 것만은 확실했다. 졌구나. 마사루의 얼굴이 떠올랐다. 지금까지 도와줬는데 볼 낯이 없었다. 믿고 맡겨준 오쿠보 실장에게도, 상사에게 등을 돌리고 나에게 힘을 보태준 노조미에게도 면목이 없었다. 이런 마코의 심정을 아는지 모르는지 히로오카 사장은 말을 이어갔다.

"얼마 전 아자부麻布에 있는 고급 이탈리안 레스토랑에 아내와 함께 갔습니다. 이번 일도 있고 제 나름대로 현장을 파악해야겠다고 생각했거든요. 그 가게는 역시 맛이 좋았고, 아내도 동의했어요. 그래서 돌아오는 차 안에서 아내에게 물어보았죠. 그 가게에 다시 가겠느냐고요. 그랬더니 바로 '안 간다'라고 하더군요. 의외였죠. 맛이 아주 좋았거든요. 이유를 알겠나요?"

모두 쭈뼛거리며 눈치만 살폈다. 마코는 이제 아무 말도 귀에 들어오지 않았다.

"아내의 말은 이랬어요. 맛만 좋은 레스토랑은 거기 말고도 얼마든지 많다. 그런 곳은 요즘처럼 눈 높은 고객들은 만족하지 않는다고요. 고급스러움도 좋고, 설레는 느낌도 좋고. 뭐라고 할까, 그곳에 가야 할 특별한 이유가 없으면 두 번은 가지 않는다고 하더군요. 충격이었습니다. 저도 레스토랑은 맛이 전부라고 믿고 있었으니까요. 아내에게만 물어보면 불공평하니 확인차 딸과 비서에게도 물어봤습니다. 모두 같은 말을 하더군요. 한마디로 말하면 '차별화'죠. 그 가게가 아니면 안 되는 이유랄까, 독특한 개성 같은 것이 필요한 겁니다. 우레타 씨가 말하는 '독자적인 가치'라는 게 아마 그걸 말하는 것 같군요."

마코는 자기 이름이 불리고 나서야 말소리가 귀에 들어왔다.

"저도 이번 실패로 느낀 게 있어요. 이 매장을 진행하라고 한 것도 접니다. 이 맛에 이 가격이라면 솔직히 잘될 줄 알았어요. 그런데 고객이 원하는 건 그런 게 아니었죠. 제 경험을 돌이켜봐도 당연한 일이었습니다. 디즈니랜드의 레스토랑이 음식을 특출나게 잘 만드는 건 아니지만, 그 분위기에서 가족과 함께 먹으니까 맛있는 거 아니겠습니까. 퇴근길에 늘 들르는 술집은 맛도 맛이지만, 사장과 시시한 잡담을 나누는 시간이 좋은 거겠죠. 나한테 대입하면 당연한 일을 사내 회의실에 있으면 이렇게 잊어버리는군요."

일동은 입을 떡 벌리고 듣고 있었지만, 단 한 사람, 오쿠보만이 마코 쪽을 바라보며 미소를 보냈다. 마코는 다시 정신을 차리고 히로오카 사장의 말에 집중하고 있었지만, 오쿠보의 미소가 무슨 뜻인지는 알아채지 못했다.

"마케팅은 고객의 마음속에서 일어난다....... 좋은 말이네요. 우레타 씨, 오늘은 제가 한 수 배웠습니다. 그게 바로 우리 회사가 놓치고 있던 것이었어요. 고객을 향한 진심 말입니다."

히로오카 사장은 자기 자신을 타이르듯 이야기했다. 모두 얌전히 사장의 다음 말을 기다리고 있었다.

"고객에게 '건강한 에너지를 선사한다'라는 가치는 어떻게 생각해낸 건가요?"

갑자기 히로오카 사장이 마코에게 시선을 돌리며 흥미롭다는 듯 물었다. 마코는 당황해하며 대답했다.

"아, 그게……, 매장에서 현장을 관찰하고 있는데, 옆자리에 있던 20대 후반 정도의 여성 고객이 이런 말씀을 하더라고요. '와인 마시면서 너한테 다 털어놓으니까 뭔가 마음이 후련해졌어. 내일부터 다시 힘낼 수 있을 것 같아.' 그 순간 몸에 전류가 흐르면서 이거다 싶었습니다."

"그래, 그런 거군요. 대답은 고객이 알고 있는 거예요. 고마워요. 이 기획안은 우레타 씨 혼자 생각해낸 건가요?"

"아, 아뇨, 오쿠보 실장님하고 노조미…… 아니, 우에하라 씨, 마케팅 업계에서 일하는 저희 사촌, 요리연구가님, 아, 물론 고객들까지, 많은 분이 도와주셨어요."

사장은 만족스러운 듯 끄덕였다.

"우레타 씨 혼자 이런 프레젠테이션을 완성했을 리는 없다고 생각했어요. 그것도 다 우레타 씨 재산이죠. 그런데 아주 중요한 질문이 남았군요."

마코가 자세를 바로잡았다.

"이게 돈이 됩니까?"

히로오카 사장이 진지한 표정으로 물었다. 그러자 오쿠보가 벌떡 일어서서 대답했다.

"오늘 우레타 씨의 프레젠테이션은 언뜻 보면 별나 보이지만, 고객에게 독자적인 가치를 제공하고 그 가치만큼 확실히 돈을 받는 비즈니스의 기본에 충실한 기획입니다. 햇빛은 물론 거저 얻습니다. 공짜죠. 피자에 반숙란을 떨어뜨리는 연출도 달걀 두 개면 되니 원가 30엔이면 충분합니다. 그런데 그걸로 피자 단가를 300엔은 올릴 수 있습니다. 대충 계산해도 이익률 90퍼센트죠."

히로오카 사장이 눈을 번쩍 떴다.

"오렌지를 짜는 연출도 주방에서 하느냐, 고객의 눈앞에서 하느냐의 차이일 뿐 추가 비용은 들지 않습니다. 빵을 와인에 찍어 먹는 것도 고객이 직접 하는 것이므로 직원이 따로 할 일은 없습니다. 우레타 씨와 우에하라 씨의 지혜와 직원의 아주 작은 수고만으로 고객이 받는 인상은 180도 달라집니다. 사장님께서도 보셨으니 아실 겁니다."

확실히 그랬다. 히로오카 사장은 생각했다. 기요카와의 요리는 좋은 재료를 썼기 때문에 맛있는 게 당연하다. 물론 그것도 쉬운 일은 아니지만, 진짜 중요한 건 지혜를 짜내는 일 아닐까……. 가치를 전달하지 않으면 상대방은 알 길이 없다. 돈이 들지 않는 작은 아이디어로 돈을 벌어들인다라…….

　기요카와도 잠자코 듣고 있었다. 맛만 좋으면 된다고 믿었지, 고객에게 가치를 전달하는 노력은 기울이지 않았다. 연출은 그저 꼼수라고 생각했는데, 즐겁게 와인에 빵을 찍어 먹었던 이사들의 얼굴이 머릿속에 떠올랐다.

　오쿠보가 계속 설명했다.

　"한산한 시간대의 회전율 대책이며 오렌지주스로 돈을 버는 장치며, 우레타 씨가 여러모로 고심한 흔적이 보입니다. 다만 이 매장이 흑자로 전환되더라도, 매장 하나의 수입으로는 한계가 있습니다. 당분간 이 매장에서 테스트해보겠습니다. 일단 재료를 시칠리아에서 수입할지, 국내에서 조달할지 따져봐야 합니다. 국내에서는 나가노 근처가 이탈리아의 기후와 비슷합니다. 그래서 그 근방 농가에 타진해봤더니 몇 군데에서 긍정적인 반응을 보였습니다. 매장 수가 많아진다면 자사 직영 농장을 보유하는 것도 좋은 방안이라고 생각합니다."

　마코는 깜짝 놀랐다. 오쿠보는 언제 저런 것까지 조사한 걸까. 자신이 빠뜨린 부분을 정확히 메꾸고 있었다.

　"이 업태는 부유한 주부층과 직장인 여성이 많은 곳에 매장을 내야 하므로, 대략 이 주변이 좋지 않을까 생각합니다."

　오쿠보는 도쿄 근교의 철도 노선에 빨간 동그라미를 친 커다란 지도를 꺼냈다.

"매장 수를 이 정도까지 늘린다면 규모의 경제가 생길 것입니다. 그때가 솔레 시칠리아노가 히로오카상사에 은혜를 갚을 때입니다."

아니 언제 이런 것까지……!

어안이 벙벙한 마코에게 오쿠보가 윙크를 날렸다.

"체인화했을 때의 원재료 매입이나 그 외의 것들은 앞으로 구체적으로 논의해봐야겠지만, 당사 거래처와의 네트워크도 활용할 수 있을 듯하고 큰 문제는 없어 보입니다. 그보다도 체인화했을 때 지금과 같은 연출이 가능할지가 우려됩니다. 매장 운영 부분은 우에하라 씨가 더 고민해보셔야겠습니다. 물론 주방의 기요카와 점장 대리님도 그, 뭐였죠, '피자가 나온다 솔레'를……."

"피자 델 솔레입니다."

마코가 또박또박 말했다.

"네네, 아주 맛있는 '솔레'를 만들어주셔야겠죠. 오늘은 좀 매워서 안 되겠더라고요."

"그래요."

히로오카 사장은 만족스러운 듯 고개를 끄덕였다.

"지금 시점에서는 이 정도면 충분합니다. 적어도 '솔레 시칠리아노'의 가능성을 부정할 사람은 없겠죠."

히로오카 사장이 이사진을 둘러보며 말하자 일동이 고개를 끄덕였다.

"우레타 씨, 우레타 씨의 승리입니다. 이 기획안을 완성하기 위해 꽤 오랜 시간 공을 들였겠죠. 우레타 씨의 진심이 느껴졌습니다. 두 달 동안 고생 많았어요. 앞으로도 지금과 같은 자세로 부탁합니다. 솔레 시칠리아의 세부 사항은 차차 다듬어가기로 하고, 오늘은 여기까지 하죠."

마코는 무슨 일이 벌어진 건지 어리둥절했다. 오쿠보가 거대한 몸을 흔들며 우당탕 달려와 마코의 손을 꽉 쥐었다.

"해냈어요, 우레타마 씨!"

"시, 실장님……?"

"이겼다니까!"

"우, 우리가요?! 이겼어요?"

"그래. 두 사람, 아니, 솔레 시칠리아의 승리야. 둘의 진심이 통한 거야. 여러분, 우리 매장이 살았습니다!"

오쿠보가 매장이 떠나가라 승전보를 외쳤다. 직원들이 모두 "와아!" 하고 환호성을 질렀다. 홀 직원들이 와르르 달려와 마코를 둘러싸고 "고마워!", "축하해!"를 외쳤다. 매장 안이 햇살로 가득 찬 듯 환해졌다.

그래, 진심이 통한 거야……. 마코의 머릿속에 그 말이 빙빙 맴돌았다. 등을 돌렸던 주방 직원들을 포함한 전 직원이 손뼉을 치고 얼싸안으며 기쁨에 젖어 있었다. 문득 기요카와 쪽을 쳐다보니 기요카와는 의외로 후련한 표정으로 마코 쪽을 보고 있었다. 마코는 기요카와 쪽으로 달려갔다.

"기, 기요카와 점장 대리님."

두 사람 사이에 미묘한 공기가 흘렀다.

"고맙습니다!"

마코는 엉겁결에 그렇게 말하고 고개를 숙였다. 왜 그 말이 튀어나왔는지 본인도 알 수 없었다. 예상치 못한 마코의 말에 기요카와는 할 말을 잃고 어색하게 "아, 으응" 하고 대꾸했다. 몇 초간 침묵이 흘렀다.

"우레타 씨가 이렇게 진심이었는지 몰랐어. 지금껏 찾아왔던 본사 놈들과는 좀 다르군. 솔직히 완패야."

기요카와는 가까스로 마음을 표현했다. 마코는 싱긋 웃으며 다시 한번 "고맙습니다!" 하고 외쳤다.

"아, 아니지, 고마워해야 할 사람은 오히려 나지. 이 가게가 계속 문을 열 수 있게 됐으니."

기요카와가 기쁨에 젖어 있는 주방 직원들의 얼굴을 보면서 간신히 말을 이었다. 마코가 눈물을 흘리며 기요카와의 손을 잡왔다. 두 사람의 모습을 저녁해가 따뜻하게 비추고 있었다.

마코는 곧바로 마사루에게 전화를 걸어 결과를 보고했다. 그런데 마사루의 반응은 의외로 차가웠다.

"아, 그래."

"그게 다야?"

마코는 마사루가 벅찬 목소리로 칭찬해주기를 기대하고 있었는데 예상이 빗나갔다.

"마지막에 마코가 메일로 보내준 프레젠테이션 봤는데, 진짜 잘 만들었더라고. 그렇게 했는데도 졌다면 회사를 그만두는 편이 낫지. 미래가 안 보이는 회사니까. 뭐야, 마코. 너 질 생각으로 한 거였어?"

마사루는 여전히 자신만만한 어조로 거침없이 말했다.

"그런 건 아니지만, 좀 더 기뻐해줄 줄 알았지."

"그래, 고생 많았어. 이제 시작일 뿐이니까. 나도 곧 프레젠테이션할 시간이라 끊을게. 앞으로 예상치 못한 일들이 많이 벌어질 테니 지금 쉬어두는 게 좋을 거야. 아, 그리고 노조미 씨한테도 축하한다고 인사 전해줘."

"아니, 예상치 못한 일들이라니, 안 돼."

그날 밤, 모두 리스토란테 이탈리아노에 모여 축배를 들었다. 오쿠보와 마코, 노조미는 그 자리에 숨은 조력자인 마사루가 없다는 것을 아쉬워했다. 마코는 문득 생각났다는 듯 오쿠보에게 물었다.

"실장님, 언제였더라, 제가 실장님 자리에 갔을 때 뭔가 급히 숨기셨잖아요. 이직 자리라도 알아보시던 거예요?"

술기운도 있겠다 솔직하게 물었다.

"바보입니까. 내가 왜 그런 짓을. 하, 내 신용도가 이것밖에 안 되나. 그래요, 이겼으니 이제 말해도 상관없겠지. 나도 내 나름대로 기획안을 짜보던 중이었어요."

"네에?! 저한테 다 맡기신다고 해놓고, 그러고 계셨다니⋯⋯."

"뭐, 결국 잘됐잖아요, 만약 일이 잘 안 풀렸으면 이 가게는 문을 닫았을 거 아니에요. 나는 그렇다 쳐도 여기 있는 사람들이 일자리를 잃잖아요. 그것만은 피하고 싶었거든요."

그러고 보니 그랬다. 마코는 그 막중한 책임감을 이제야 자각했다. 나만의 싸움이 아니라 직원 전체의 일자리가 걸린 일이었다. 새삼 자유롭게 해보라고 기회를 준 오쿠보의 배려가 진심으로 고마웠다.

그날 밤, 마코와 노조미는 마치 모든 일을 잊은 사람처럼 먹고, 마시고, 떠들었다.

탁월한 전략은 물 흐르듯 자연스럽다

◇◇◇

다음 날 마코는 숙취로 지끈거리는 머리를 꾹꾹 누르면서 가까스로 회사에 정시에 도착했는데, 오쿠보는 벌써 마코를 기다리고 있었다.

"우레타마 씨, 히로오카 사장님이 연락을 주셨어요. 출근하자마자 오라고요."

"아, 네. 가시죠, 실장님. 늦어서 죄송합니다."

"아, 사장님이 부른 건 우레타마 씨 혼자예요."

마코가 헐레벌떡 사장실로 가니, 히로오카 사장이 기다리고 있었다. 안쪽에서 위잉 기계 소리가 나더니 비서가 데미타스 잔에 에스프레소를 따라서 들고 왔다. 히로오카 사장이 한입 마시고는 만족스러운 듯 고개를 끄덕였다.

"나도 이탈리안 레스토랑을 몇 군데 다니다가 이 에스프레소라는 진한 커피에 완전히 빠졌네. 그래서 사무실에도 에스프레소 머신을 하나 뒀지. 우레타 씨 말마따나 현장을 모르고서 비즈니스를 논하면 안 될 것 같아서 말이야."

"아, 네."

마코도 한 모금 마셔보니 확실히 제대로 된 에스프레소였다.

"우레타 씨, 어제 건 말인데……."

"네."

"우레타 씨한테 점장을 맡기기로 했어. 한번 열심히 해봐."

마코는 저도 모르게 주변을 두리번거렸다. 당연히 사장과 마코 둘 뿐이었다.

"네, 네에?! 제, 제가 점장이요?"

사장실에 있다는 사실도 잊은 채 큰 소리를 냈다.

"아, 오쿠보 실장에게도 양해를 구해놨어. 오쿠보 씨는 우레타 씨가 적임자라고 하더군."

"하지만 아직 경험도 부족한데 제가 점장이라니요. 게다가 기요카와 점장 대리님도 계신데⋯⋯."

"그 부분은 나도 마음에 걸렸지만, 기요카와 점장 대리도 찬성한 모양이야. 새로운 '솔레 시칠리아노'에서 맘껏 뜻을 펼쳐봐. 잘 부탁하네. 고객에게 시칠리아의 태양으로 건강한 기운을 불어넣겠다고 하지 않았나. 세부 사항은 앞으로 오쿠보 실장하고 맞춰가겠지만, 가장 중요한 현장, 그러니까 매장은 우레타 씨가 잘 이끌어봐. 우레타 씨라면 할 수 있을 거야."

분명 이건 하늘이 준 기회였다. 내 기획안을 내 손으로 실현할 수 있다니. 마케터로서는 더할 나위 없는 기쁨이다. 마코도 마음 한구석에서는 어렴풋이 그런 날을 기대하고 있었다.

"네, 최선을 다하겠습니다!"

"잘 부탁해. 그럼 다음 달부터 바로 나가보시고."

히로오카 사장이 데미타스 잔의 손잡이를 소중하게 쥐고는 "살루테(salute, 이탈리아어로 '건배')!"라고 말하면서 가볍게 잔을 들어 올렸다. 마코도 서둘러 따라 했다. 히로오카 사장은 남은 에스프레소를 단숨에 들이켜고는 만족스러운 듯 미소를 지었다.

마코가 자리로 돌아오자마자 전화벨이 울렸다.

"네, 우레타입니다. ……기, 기요카와 점장 대리님?!"

마코는 저도 모르게 몸에 힘이 바짝 들어갔다.

"오쿠보 실장한테 이런저런 얘기를 들었어. 시칠리아까지 갔었다고. 프레젠테이션 전에는 잠도 거의 못 잤다면서. 그렇게 진지한지는 몰랐는데, 피자까지 직접 만들 줄이야……."

"아, 네……."

마코는 기요카와가 무슨 말을 하려는 건지 의중을 헤아리기가 어려웠다.

"실은 나도 이탈리아 시칠리아에 공부하러 갔었거든. 태양이 정말 눈부셨지. 그 시절이 떠올랐어."

"아, 그러셨군요."

"나의 완패야. 우레타 점장, 열심히 해봐. 아니, 이제 상사니까 잘 부탁드립니다, 라고 해야 하려나?"

마코는 순식간에 긴장이 풀렸다.

"아, 아뇨, 저야말로."

"하지만 요리에 관해서는 타협하지 않을 거니까 그리 알아둬. 그때 그 피자는 절대 안 돼. 나라면 훨씬 맛있게 만들 거야."

"네! 기대하고 있을게요."

마코는 자기도 모르게 싱긋 웃었다.

"피자 델 솔레 말이야, 실은 이미 구상에 들어갔거든. 새 메뉴도 몇 가지 만들어봤으니까 시식하러 와봐. 그리고 시칠리아 요리도. '솔레' 맞지, 메뉴의 키워드가."

"역시 척하면 척이시네요."

그러면 매장에서 기다리겠다는 기요카와의 말을 끝으로 전화가 끊겼다. 마코는 최선을 다해 싸운 사람들 사이에 생긴 묘한 연대감을 느꼈다. 오쿠보는 이런 것까지 계산해서 두 사람의 대결을 허락한 걸까.

잠시 생각에 빠졌던 마코는 정신을 차리고 수화기를 들어 이미 손가락이 기억하고 있는 휴대전화 번호로 전화를 걸었다. 두 번째 수신음에 마사루가 전화를 받았다.

"어이, 마코. 솔레 시칠리아노 점장이라도 된 거야?"

"어떻게 알았어?! 누구한테 들은 거야?"

그러고 보니 마사루가 '엄청난 일이 생길 것'이라고 말했는데, 그 얘기가 이거였나.

"그냥 농담으로 한 말이었는데, 사실 시간문제지 언젠가는 그렇게 될 거라고는 생각했어. 이제 진짜 남의 일이 아니네. 실패하면 마코 책임, 성공하면 고객 덕분."

"이것도 마사루 선배 덕분이야."

"웬일로 기특한 소리를 다 하네. 맞는 말이야. 하하하."

"선배, 앞으로도 도와주실 거죠?"

"어리광 부리지 마."

마사루의 어조가 바뀌었다.

"이제부터는 마코 네 일이야. 매장 하나 성공시키는 결론 부족해. 체인화를 염두에 두고 매장 운영 시스템을 구축해야 해. 마코 네 책임이 막중할 거야."

"그렇지만 나 혼자서는……."

"오쿠보 씨가 있잖아. 꼭 필요하다면 컨설팅 비용 받고 할게. 한 시간에 10만 엔이야."

"뭐?! 사촌지간에 너무하네. 깎아줘. 한 시간에 2,000엔."

"그게 안 된다고 말하는 거야. 이제 마코는 어떤 의미에선 어엿한 경영자야. 스스로 결정하고 책임지고 실행한 뒤에 결과도 책임을 져야지. 그렇다고 뭐 마코가 빚을 내서 하는 것도 아니고, 최악의 경우 잘리는 걸로 끝나겠지. 나 같은 오너보다는 맘 편하지, 뭐. 안 그래?"

확실히 '아무리 최악이라도 회사를 그만두는 정도'라는 말은 맞다. 마사루는 늘 마코의 마음을 가볍게 해준다.

"그럼 언젠가 선배한테 컨설팅을 부탁할 수 있도록 열심히 해 볼게."

"하하, 기대하고 있을게. 마지막으로 하나만 더. 이게 마지막 조언이야. 한자로 생각 '상想' 자를 써봐. 감상感想할 때 '상'이야."

"갑자기 왜……"라고 되묻는 마코에게 마사루는 "아무튼 일 단 써봐" 하고 재촉했다.

"음, 알았어, 썼어."

"잘 봐봐. 그 글자를."

마코는 가만히 그 글자를 쳐다봤다.

"알았다!"

마코가 사무실이 울릴 만큼 큰 소리로 외쳤다.

"그래, 상대방의 마음이야! '생각'은 상대방相의 마음心인 거 군!"

"그래, 쉽진 않지만 중요한 문제야. 내 마음뿐 아니라 상대방 의 마음까지 헤아릴 줄 알아야 해. 고객, 상사, 동료, 모두의 마음 을 말이야."

마코는 생각했다. 나는 상대의 마음을 헤아리고 있었을까. 기 요카와의 본사 직원들을 향한 강한 불신을 이해하고 있었다면 그렇게까지 부딪치지 않았을지도 모른다. 생각이 거기까지 미치

자 조금 전 전화를 준 기요카와에게도 자연스레 고마운 마음이
들었다.

"마코는 어떤 '마음'을 전하고 싶어?"

"고객의 마음에 시칠리아의 햇살로 건강한 기운을 불어넣어
주고 싶어!"

"그래. 그럼 힘내라, 점장님. 노조미 씨한테도 안부 전해주고."

휴대전화에서 뚜뚜 소리가 들렸다.

"아니, 또 통화의 마지막이 노조미로 끝났네……. 뭐, 시급
10만 엔의 잘나가는 컨설턴트가 지금까지 도와준 것만으로도
감사해야지. 고마웠어."

마코가 중얼거렸다.

그 후 마코는 솔레 시칠리아노의 1호점 점장이 되었고, 기요
카와를 시칠리아로 데려가 레이를 소개해주고, 다양한 메뉴를
개발하면서 개선 작업을 진행해나갔다. 노조미는 얼마 뒤 마코
의 후임으로 신규사업기획실에 배치되어 오쿠보 밑에서 체인화
대책을 세우며 진두지휘에 나섰다. 고객의 눈앞에서 시칠리아산
오렌지를 짜는 연출은 체인 전개상 난관에 봉착해 할 수 없이
포기했지만, 직접 짠 것과 같은 양의 오렌지 실물을 보여주는 것

으로 가치를 인정받게 만드는 등 세심한 아이디어를 담아냈다. 이러한 현실적인 문제 외에 다른 것들은 솔레 시칠리아노의 초기 기획안 그대로 착착 구현됐다. 오쿠보의 주도면밀한 입지 전략에 맞춰 하나둘 매장 문을 열었고, 각지에서 화제를 몰며 인기를 구가했다. 마코는 정신적 지주로서 각 매장을 돌며 '시칠리아의 햇살로 고객을 건강하게 만든다'라는 진심을 전했다.

그로부터 5년 후, 마코는 솔레 시칠리아노로 대박을 터뜨린 공을 인정받아 마케팅부 역사상 최연소 과장에 발탁됐다. 그러던 어느 날 이제 막 이직해 온 마코의 부하 직원이 기획서를 손에 들고 마코 자리로 왔다.

"과장님, 이거 분명히 잘 팔릴 거예요. 같이 해봐요."

마코는 기획서를 팔랑팔랑 넘기더니 대답했다.

"이걸론 안 돼. 다시."

"네? 다시 하라뇨! 제대로 읽지도 않으셨잖아요!"

대번에 퇴짜맞은 남자 사원의 얼굴이 붉으락푸르락했다. 마코는 싱긋 미소 짓더니 물었다.

"이거 고객에게 어떤 가치를 제공하는 거야?"

직원은 영문을 모르겠다는 듯한 표정을 지었다.

"가치, 말입니까?"

"그래, 가치. 오늘 점심 어디서 먹었어?"

"점심이요? 그거랑 이거랑 무슨 상관이······."

"일단 대답해봐."

마코는 다시 부드럽게, 그러나 단호한 말투로 물었다. 수많은 역경을 헤쳐온 마코는 한 단계 성숙해져 있었다. 그 분위기에 압도된 직원이 대답했다.

"오늘 점심은 역 근처 이탈리안 레스토랑에서······."

"그 이탈리안 레스토랑을 고른 이유는?"

"그게, 오늘은 친구랑 오랜만에 만나서 편하게 이야기하려고 요."

"봐봐, 그걸 원해서 그 레스토랑에 간 거야. 음식뿐만 아니라 '친구와 편하게 이야기 나눌 수 있다'는 가치를 산 거지. 마케팅이란 건 말이야, 고객이 가게를 고르는 그 순간 마음속에서 일어나는 거야."

히로오카상사에 또 한 명의 새로운 마케터가 자라나는 순간이었다.

이 책은 마케팅의 기본을 이해하기 쉽게 찬찬히 전달할 목적으로 썼다. 그래서 내용을 압축하고 압축하면서 마케팅의 본질을 끄집어내기 위해 최선을 다했다. 그렇게 나온 것이 이 책의 핵심 주제이기도 한 '고객이 원하는 가치'다. 세그먼테이션이나 4P 등에 관해 개별적으로 해설한 양서는 많지만, 모든 것을 '고객이 원하는 가치'라는 마케팅의 본질을 기준으로 해설한 책은 드물다. 그것이 이 책만의 '독자적인 가치'이자 '차별화' 포인트다.

'독자적인 가치'와 '차별화' 요소가 한 가지 더 있다. 바로 스토리 편이다. 처음에는 본문의 이해를 돕기 위한 양념 정도로 활용할 생각이었는데, 글을 쓰다 보니 캐릭터가 살아 움직이면서 활약을 펼쳤고 어느 순간 정신 차려보니 길이가 꽤 길어져 있었다.

이 스토리의 주제는 물론 마케팅이지만, 사실은 주인공의 성장 스토리이기도 하다. 마코와 마사루의 미팅 장면은 실제로 내가 부하 직원을 교육할 때의 접근 방법과 선배에게 교육받은 때의 경험을 바탕으로 썼다.

내 경험을 돌이켜보면, 사람이 성장하는 데는 세 가지 조건이 필요하다. 첫 번째는 자신의 실력을 뛰어넘는 목표다. 두 번째는 자유롭게 움직이고 스스로 책임지는 자유와 책임이다. 자유만 주면 무책임해지고, 책임만 지우면 의욕을 잃는 법이다. 여기서는 오쿠보가 마코에게 그 두 가지를 제공했다. 세 번째는 믿고 지지해주는 멘토의 존재다. 이 책에서는 마사루가 정신적, 기술적 멘토 역할을 맡았다. 또 '내가 모든 상황에서 절대적으로 옳다'고 믿는 독선적인 경영자가 많은 가운데, 다른 사람의 의견을 귀담아들을 줄 아는 히로오카 사장도 상당히 믿음직한 존재다.

사실 마코는 아주 축복받은 환경에 있었다. 지난날을 돌아보면 내게도 그런 시기가 있었다. 직장 선배가 갑자기 퇴사하는 바람에 느닷없이 내가 회사의 중요한 마케팅 업무를 떠맡게 된 적이 있다. 그래도 보람도 있고 조언을 구할 멘토도 있어서 여러모로 훌쩍 성장할 수 있었다. 당시의 경험은 지금까지도 내 안에 살아 숨 쉬고 있다.

참고로 나 또한 젊은 날에는 마코와 기요카와처럼 대립하는 것이 일상다반사였다. 내가 작정하고 기요카와 같은 악역을 맡은 적도 있었다. 이 정도의 갈등은 사실 귀여운 수준이다. 실제로는 더 음침하게 대립하기도 하고 겉으로 드러내지 않는 경우도 많다. 질질 끌면서 상황을 악화하기보다는 한바탕하더라도 부딪쳐서 응어리를 푸는 편이 더 낫다. 그렇지 않으면 조직은 성장하지 못한다.

또 여기에서는 사장이 두 달의 유예기간을 주는데, 이 정도는 사실 많이 봐준 것이다. 외국계 회사였다면 두 달 안에 기획서가 문제가 아니라 곧바로 직원을 해고하고 흑자로 전환하라고 했을지도 모른다.

사랑스러운 여주인공 우레타 마코라는 이름은, 내가 발행하는 메일 매거진 이름인 〈우레타마!売れたま〉* 에서 가져왔다. 주요 등장인물 세 사람의 이름은 각각 이 책을 관통하는 콘셉트를 상징한다. 먼저 마코真子는 '진심'과 '정직함'이라는 뜻이고, 마사루勝는 '승리'와 '가치', 노조미望み는 '희망'이다.

이 책의 핵심 주제 중 하나는 '마케팅은 고객의 마음속에서 일어난다'는 것이다. 이러한 이야기는 당신 주변에서도 진행되고 있을 것이다. 마케팅은 책 속에서 일어나는 것이 아니라 당신 곁

---

* 일본어로 '팔리는 마케팅은 타업종에서 배우자'의 줄임말

에서 일어나고 있다. 다음 주인공은 이 책을 읽은 당신이다. 마코와 같은 솔직함과 민첩함, 실행력이 있다면 그리고 이 책이 함께한다면 분명 당신의 '진심'이 상사와 동료에게, 그리고 고객에게 전해질 것이다. 당신의 행운을 빈다.

감사의 말

스토리 편을 보고 픽션인지 아닌지 궁금한 분들이 많을 것이다. 솔직히 말하자면 스토리나 등장인물의 이름은 전부 픽션이지만, 무대 설정이나 다양한 캐릭터, 마사루가 하는 말 등은 각색과 수정은 거쳤어도 사실에 기초한 부분이 많다. '어딘가 정말 있을 법한 이야기다'라고 느꼈다면 나의 경험을 바탕으로 썼기 때문일 것이다.

등장인물마다 모델은 있지만, 특정 인물을 그대로 그렸다기보다는 어떤 인물의 단면을 뽑아냈다. 다만 레이 씨는 실존 인물이다. 이번 책에 나온 이탈리아 요리에 관한 지식은 대부분 오래전부터 알고 지낸 레이 씨가 알려준 것으로, 겸사겸사 특별출연도 부탁드렸다. 레이 씨는 이탈리아어를 자유롭게 구사하는 일본인으로, 현재는 시칠리아의 트라파니에 살고 있다. 시칠리아 요리연구가로서, 그리고 '라 타볼라 시칠리아나'라는 회사의 경영자로서 요리 교실 등을 운영하고 있다.

선인장 열매 디저트인 '피코 디 인디아'나 농축 포도즙에 빵을 찍어 먹는 '빈코토' 같은 메뉴의 아이디어는 레이 씨가 제공해줬다. 선인장 열매는 레이 씨에게 얻어 나도 직접 먹어봤는데 아주 독특한 맛이었다.

'솔레 시칠리아노'라는 가게 이름은 내가 지은 것이다. 레이 씨가 이탈리아로 이주한 이유가 '새빨간 태양, 푸른 하늘, 풍요로운 자연' 때문이라는 이야기에 아이디어가 딱 떠올라, 레이 씨에게 '시칠리아의 태양'을 이탈리아어로 번역해달라고 부탁했다. 구어 표현으로는 '일 솔레 시칠리아노'라고 하는 모양이다(더 정확히는 '일 솔레 델라 시칠리아').

여러 카페와 레스토랑을 기획해본 레이 씨는 어떻게 해야 이탈리안 레스토랑의 마케팅을 성공시킬 수 있는지 분석한 자료도 많이 공유해줬다. 레이 씨는 실제로 스토리 속의 노조미와 같은 상황도 겪어봤다고 한다. 홀과 주방의 대립은 어디에나 있었는데, "내 요리가 싫은 손님은 오지 말라 그래!"라고 소리치는 주방장과 싸움이 끊이질 않았다고 한다.

내 경험상, 일반 회사에서도 '개발', 그러니까 '만드는 쪽'과 '마케팅'이나 '영업'의 '파는 쪽' 사이의 커뮤니케이션 부족이나 갈등은 흔히 일어났다. 스토리의 무대는 이탈리안 레스토랑이지만, 회사로 바꿔놓고 생각해도 크게 다르지 않을 것이다. 회사가 끌어안고 있는 과제는 언뜻 특수해 보여도 실제로는 보편적인 경우가 많다.

마케팅을 좀 더 깊이 알고 싶다면 내가 발행하는 무료 마케팅 메일 매거진인 〈우레타마!〉(http://www.mpara.com/mag.htm)를 읽으면 분명 마케팅 뇌가 단련될 것이다. 하지만 최고의 교재는 역시 당신 자신의 구매 경험이라는 사실을 잊지 말기를 바란다.

이 책은 많은 분의 도움을 받아 세상에 나왔다. 먼저 편집자인 이와하시 씨는 툭하면 글쓰기를 멈추려는 나를 재촉해 엄청난 압박을 줬다. 마코도 그랬지만, 인간은 마감 기한이 정해져 있어야 집중력을 발휘하는 법이다. 비즈니스 소설이라는 새로운 경지를 개척할 수 있게 해준 것도 고맙다는 말씀을 드린다.

그리고 앞서 이야기한 시칠리아 요리연구가인 레이 씨가 없었다면 스토리를 완성할 수 없었을 것이다. 뭔가 허술한 부분이 있다면 그건 나의 글솜씨가 미숙한 탓이다.

나아가 내가 몸담았던 NTT, NTT미디어스코프, 워너램버트(현 캐드버리 재팬), 랩콜린스의 전현직 직원, 상사, 클라이언트분들, 그리고 현재 내가 경영하는 스트레티지&택틱스의 클라이언트분들에게 깊은 감사의 말씀을 드린다.

'이 에피소드는 그때 그 일이 모델인가?', '이 사람의 모델은 나인가?'라고 생각하는 분이 있을지도 모르겠다. 부디 마음속에 담아두지 마시고 치기 어린 시절의 옛날이야기로 생각해주시면 감사하겠다.

경영자 동료들로부터는 나의 멘토로서 언제나 유익한 영감을 받고 있다. 미야자와세쓰오사무소 대표인 미야자와 세쓰오 씨에게는 오래전 직장에서부터 다양한 지도를 받았다. 브리스톨 마이어스·라이온의 무네 구니히로 씨에게는 지도를 받은 지 벌써 10년이 된다. MBA솔루션의 아베 데쓰야 씨에게는 다양한 기회를 통해 협조와 격려를 받고 있다. 경영자연합의 오가사와라 쇼지 씨와 경영자연합에 속한 다른 경영자들에게도 다양한 영감을 받았다. KT마케팅 주식회사의 쓰치야 고지 사장과는 정기적으로 정보를 교환하고 있다. 와세다대학교 교수인 후지이 마사쓰구 선생님에게는 늘 사려 깊은 조언과 격려를 받고 있다. 이 자리를 빌려 새삼 감사하다고 전하고 싶다.

그리고 내가 발행하는 메일 매거진 〈우레타마!〉의 3만여 명의 독자 여러분이 들려준 체험담, 힌트, 여러 의견은 나의 생각을 더욱 세련되게 만들어줬다. 비즈니스스쿨인 글로비스에서도 마케팅을 가르치고 있는데, 그 강의를 하면서도 다양한 깨달음을 얻고 있다. 감사 인사를 드린다. 또 내가 먹으러 다녀본 에비스 일대의 이탈리안 레스토랑의 관계자들. 가게 이름은 일단 알아채지 못하게 해뒀지만 다양한 힌트를 얻었다.

그리고 항상 적확한 조언을 해주는 아내 게이코. 당신의 고객을 대하는 진지한 태도와 열성적인 노력은 늘 나의 귀감이 된다. 새삼 고맙다고 말하고 싶다.

물론 여기에 다 쓰지 못한 분들에 대한 고마운 마음은 여기에 쓴 분들에 대한 마음과 다르지 않다.

마지막으로 여기까지 읽어주신 여러분. 미숙한 나로서는 아무리 해도 스토리에 나의 경험을 녹여넣을 수밖에 없었다. 나의 내면을 이렇게까지 드러내는 건 처음 있는 일이다. 만약 공감이 됐고, 나의 '진심'이 여러분의 마음에 와닿았다면 저자로서 그 이상의 기쁨은 없겠다.

에비스의 이탈리안 레스토랑에서, 에스프레소를 마시며
사토 요시노리

옮긴이 김혜영

성균관대학교에서 경제학과 일본학을 전공했다. 졸업 후 번역 에이전시에서 근무하다 꿈에 그리던 번역가의 길로 들어섰다. 책 한 권 한 권 정성을 다해 번역하려고 노력한다. 옮긴 책으로는 《당신도 논리적으로 말할 수 있습니다》, 《한 장의 미래 지도》, 《조인트 사고》, 《1등의 전략》, 《비즈니스 모델 제너레이션 워크북》 등이 있다.

시작하는 사람들을 위한 MBA 톱스쿨의 마케팅 입문

바쁘지만 마케팅은 배우고 싶어

1판 1쇄 발행 2024년 10월 23일

지은이 · 사토 요시노리
옮긴이 · 김혜영
기획편집 · 하선정 김은영
마케팅 · 이운섭
디자인 · MALLYBOOK 최윤선, 오미인, 조여름

펴낸곳 · 생각지도
출판등록 · 제2015-000165호
전화 · 02-547-7425
팩스 · 0505-333-7425
이메일 · thmap@naver.com
블로그 · blog.naver.com/thmap
인스타그램 · @thmap_books

ISBN 979-11-87875-41-3 (03320)